Considerações sobre o
PODER

Marcos Juliano Borges de Azevedo

Considerações sobre o
PODER

Editora Sulina

Copyright © Marcos Juliano Borges de Azevedo, 2022

Capa: Humberto Nunes
Editoração: Niura Fernanda Souza
Revisão: Simone Ceré
Editor: Luis Antonio Paim Gomes

Dados Internacionais de Catalogação na Publicação (CIP)
Bibliotecária Responsável: Denise Mari de Andrade Souza – CRB 10/960

A994c   Azevedo, Marcos Juliano Borges de
              Considerações sobre o poder / Marcos Juliano Borges de Azevedo. – Porto Alegre: Sulina, 2022.
              126 p.; 14x21cm.

              ISBN: 978-65-5759-084-3

              1. Filosofia. 2. Política. 3. Poder. I.Título.

                                              CDU: 101
                                                      32
                                               CDD: 100

Todos os direitos desta edição reservados à
EDITORA MERIDIONAL LTDA.

Rua Leopoldo Bier, 644, 4º andar – Santana
CEP: 90620-100 – Porto Alegre/RS
Fone: (51) 3110.9801
www.editorasulina.com.br
e-mail: sulina@editorasulina.com.br

Outubro/2022
IMPRESSO NO BRASIL/PRINTED IN BRAZIL

Prefácio

Tomografia do poder

Juremir Machado da Silva

O poder é uma condição exterior a quem ele submete. Pode ser também exterior a quem o exerce? Em que ele se baseia? Como se libertar dele? Pode-se ver o poder como uma limitação social, de classe, que condiciona a capacidade cerebral? Pierre Bourdieu refletiu sobre essa hipótese citando uma célebre passagem de Karl Marx sobre relações entre representantes e representados de certo meio: "O que faz deles os representantes da pequena burguesia é o fato de que o seu cérebro não pode ultrapassar os limites que o próprio pequeno burguês não supera em sua vida e, por conseguinte, eles são teoricamente levados aos mesmos problemas e às mesmas soluções a que são conduzidos praticamente os pequenos burgueses por seu interesse material e por sua situação social" (Marx apud Bourdieu, 1987, p. 189). A citação poderia ser feita diretamente de Marx. O detalhe importante aqui, porém, é sua apropriação por Bourdieu. Não é questão de examinar como o sociólogo francês incorpora o pensamento de um clássico, mas de aproveitar o mote. Como explicar que Marx e Bourdieu tenham conseguido se extrair da condição de classe a que pertenciam para pensar soluções diferentes aos problemas com os quais se deparavam intelectual ou existencialmente? Estaríamos todos condenados à força do poder da nossa formação? Seríamos apenas os reprodutores da nossa condição de base? Submeteríamos outros ao poder imposto pelo nosso "cérebro" fadado a não ultrapassar sua limitação?

Perguntas em excesso, respostas de menos. Ao longo desta trágica pandemia do coronavírus, que nos atingiu a partir de março de 2020, uma pergunta vai e volta: poderia o capitão Jair Bolsonaro ultrapassar a sua condição de militar reformado e de deputado do chamado "baixo clero" para adotar comportamentos de presidente da República e de estadista? Poderia um homem aparentemente tão formatado pelo seu percurso vencer as amarras e adotar outra maneira de ser? Bolsonaro comanda ou é comandado pelo seu cérebro de patente mediana? Não há como resolver a questão. A prática, o exercício do mandato presidencial, tem mostrado que o militar não consegue superar o seu adestramento, ainda que ele não tenha sido um exemplo quando estava na ativa. Jair Bolsonaro comprava a tese determinista de Karl Marx citada por Pierre Bourdieu, intelectual que nunca deixou de reconhecer ou de enfatizar o peso das estruturas na trajetória de cada indivíduo?

Ferramenta de emancipação

O poder assumiu uma conotação negativa. Desconfiamos dos poderosos. Tememos os seus acordos subterrâneos. Nunca sabemos, de fato, o quanto nos deixam saber dos bastidores do poder. Numa democracia, constituímos o poder, que emana do eleitor, mas temos a sensação de que os eleitos nem sempre nos representam. O poder, contudo, é a ferramenta da transformação. Talvez se deva falar em empoderamento. Os processos de empoderamento são conflitivos. Basta pensar no empoderamento das mulheres neste mundo historicamente dominado pelos homens, pelos brancos, pelos heterossexuais, pelos ricos. A sensibilidade, vale dizer o imaginário, está em mutação.

Uma tomografia do poder sempre mostra um reticulado, imagem de vidro fosco, comprometimento menor ou maior da capacidade de oxigenação. Em certo sentido, o instrumento de avaliação do poder é o oxímetro, pequeno aparelho que mexe a saturação de oxigênio no sangue. Em regimes autoritários ou em democracias enfraquecidas pela ação de eleitos com tendências extremistas, a exemplo de Donald Trump, nos Estados Unidos, Viktor Orban, na Hungria, Nicolas Maduro, na Venezuela, Rodrigo Duterte, nas Filipinas, Recep Erdogan, na Turquia, e de Jair Bolsonaro, no Brasil, a oxigenação cai brutalmente.

Se poder significa dominação, explícita ou dissimulada, também pode ser ferramenta de emancipação. Governantes democráticos apostam em emendas constitucionais para anular plebiscitos. Por que consultar menos quando, com ajuda da tecnologia, se pode consultar muito mais a população sobre temas sensíveis, complexos e de alto interesse comum? A tomada do poder, expressão que se consagrou como ocupação violenta ou não da estrutura de administração estatal, assume nova dimensão: ocupação pela via da participação transparente e argumentativa de instâncias de decisão, transformação e gestão do coletivo social.

O poder só se torna realmente legítimo quando explicita uma relação de compartilhamento regrada e aberta. Não podem existir "segredos de poder". Reduzir essa ideia a ingenuidade ou utopia implica abdicar do projeto de república com republicanismo real, não apenas como ideal abstrato de administração da coisa pública. A mídia tem cada vez mais importância na fiscalização do poder, na discussão das suas falhas e na revelação dos seus mecanismos de funcionamento. A mídia tem poder, não é o poder, deve ser um mediador complexo de interações contraditórias. Ela se empodera na medida em que não se toma pelo poder decisório. Se a linha de separação é tênue entre poder e controle dos poderosos, a realidade se faz com fronteiras móveis.

Cada um está, por caminhos diversos e, por vezes, insondáveis, habilitado a derrubar os muros do condicionamento de classe ou de formação. Não fosse assim, a educação seria sempre reprodutora de hierarquias sociais, jamais emancipadora. Em meio a uma pandemia, a sociedade acabou por se perguntar: quem tem o poder? Ele foi compartilhado por determinação do Supremo Tribunal Federal entre os diversos entes da federação. Abuso de poder? Nada de novo no front. Confirmação da estrutura constitucionalmente prevista. Pena que não foi possível desde o começo da tragédia ter uma liderança unificadora, aquela que exerce o poder por adesão renovada a cada dia dos liderados. O poder claudica por excesso ou ausência. O paradoxo mais desastroso consiste numa ausência que se apresenta como presença excessiva. O poder sai dos trilhos quando o seu detentor perde a compreensão dos seus limites. A era da Covid-19 tem sido um tempo de reflexão sobre o poder. As democracias precisam urgentemente se renovar para não perder oxigenação. A salvação, por assim dizer, só pode vir de maior participação de cada eleitor no cotidiano do poder. Só o voto não basta. Uma mutação cultural ainda terá de acontecer.

Referências

BOURDIEU, Pierre. *A economia das trocas simbólicas*. São Paulo: Perspectiva, 1987.

MARX, Karl. *O 18 brumário de Luís Bonaparte*. São Paulo: Boitempo, 2011.

A pluralidade temática que envolve o poder aproxima-o de um verdadeiro caleidoscópio (calidoscópio) polissêmico, que espero opere o efeito liminar de defesa do temerário atrevimento de abordá-lo. Valendo-se de uma construção drummondiana, pode-se dizer que o tema da reflexão sobre o poder se põe "onde a dúvida apalpa o mármore da verdade, a descobrir a fenda necessária; onde o diabo joga dama com o destino" (Andrade, 2019, p. 37-38).

1.

O poder, como fenômeno social, tem a sua própria genética, que o faz existir autonomamente. É um fato que é objetivado pela realidade, e apenas subjetivado pelo seu agente. Essa subjetivação, no entanto, é condição indispensável ao estado de direito, uma vez que a imposição dos mecanismos de controle legal é estabelecida pela via da institucionalização normativa do exercício do poder; aí é dito o que "pode" e o que "não pode" e as consequências decorrentes; e nisso se exaure a contribuição do direito.

O poder como categoria sociológica é a matéria-prima que é apropriada pela política e se apresenta como a questão básica e subjacente. A transitoriedade do agente político é reflexo da mutabilidade no exercício do poder. No vendaval que sacode a árvore da política, quem despenca é o agente; o poder não se abala porque é fato social que não se restringe a uma norma legal. Não custa lembrar que não é o direito que faz a sociedade, e sim a sociedade que faz o direito.

2.

O empoderamento (*empowered/empowerment*) se apresenta como um processo que tem início com a supremacia, que se consolida em domínio, para, finalmente, se propor como poder. O empoderamento – ideias, fatos e circunstâncias que se compõem e se ajustam – é sempre uma preparação para o domínio, que, por sua vez, está na constituição do poder. Ele é por natureza hierárquico, mandamental, despótico, repressivo, disciplinador, expansionista, generalizador e uno. Tais características se fazem presentes em qualquer das órbitas em que o poder se constitui e é exercido: a hierarquia, no distanciamento próprio do poder naquilo em que transcende o súdito; a natureza mandamental, na sua destinação ordenatória; a impulsão despótica se expressa na "vontade de potência" que deseja se impor e somente é barrada pela ação civilizatória; a dimensão disciplinadora compreende as determinidades do poder com potencial "de saber e de múltiplos domínios de conhecimento" (Foucault, 2017, p. 293); a natureza repressiva se impõe na relação de dominação que é também relação de força em que se abriga potencialmente a violência; o ser expansionista radica na sua inclinação ao sem limite, na sua natureza entrópica; e o caráter generalizador o faz abrangente e alheio à pluralidade e à singularidade; o domínio afeto ao poder traz viva a tendência – que lhe é imanente – ao uno, ao bastante em si, numa noção de inteireza que o torna excludente de tudo o mais que não seja o seu próprio ser. É a sua negatividade, desafio intrínseco à sua própria temporalidade. A natureza una do poder o faz com potencialidade repressiva, sendo que o que o liberta para a positividade individual e social é o conteúdo da norma civilizatória; o que varia, e até mesmo *ad infinitum*, são as relações de poder.

A expansividade dilata a sua ação e restringe a de quem a ele está submetido; ou seja, nutre-se das limitações que impõe. Traz com ele o requisito da submissão que se expressa em obediência, nas democracias, ao império da lei, e, nas ditaduras, na subserviência à vontade do ditador. A tendência é sempre a concentração do poder que pode ser legítima, quando consentida, via de regra, pelo instituto da representação, ou ilegítima, pela imposição. Tanto no plano natural como no institucional (estado de direito), o poder expressa arbítrio, naquele (natural) de forma plena, na medida da inexistência de controle, e neste (institucional) sob a dosimetria da norma jurídica. Sempre, porém, importa em limitar, alterar, suprimir, conceder, dirigir, ou seja, governar a vida dos súditos, restringindo ou ampliando as suas ações, pretensões e interesses em substituição à decisão deles próprios. Esses elementos tipificadores do poder emprestam uma intensa e tensa energia psíquica à relação (de poder), em razão do confronto que nela se estabelece, e ao empoderamento uma dimensão psicológica que se desenvolve como processo: o processo psicológico que opera com o conflito e a superação dele; presente a noção de que a redução ou a perda de poder de "A" potencializa o poder de "B" com expectativas aptas a gerar alteração na relação de poder, uma vez que o vácuo gerado tende afirmativamente a ser preenchido graças à natureza entrópica do poder. Essa energia psíquica é um conduto das predisposições vocacionadas a alavancar a completude do empoderamento.

O processado na relação como "vontade de poder", portanto, permite a identificação de um estado psíquico que potencializa o poder ao ponto de restarem esmaecidas as linhas demarcatórias de pensamento e ação como que prefigurando um ato em potencial. Isso não passou desapercebido a Hobbes: "Pois a guerra não consiste apenas na batalha, ou no ato de lutar, mas naquele lapso de tempo durante o qual a vontade de travar batalha é suficientemente conhecida" (Hobbes, 1983, p. 75). Daí, uma conclusão possível da existência de uma tendência ao autoritarismo que deita raízes na estrutura psicossomática da natureza humana, somente disso libertada pela atuação da cultura em missão civilizatória. Em decorrência disso, a conservação de uma rigorosa área de reserva e discrição, de acesso público vedado, gerada pela ação do domínio, como instrumento que é do poder, e imposta em favor deste com a finalidade de salvaguarda e proteção (do poder).

3.

Os súditos, que são os titulares do poder, sofrem, portanto, uma *capitis deminutio* de quem por eles decide, seja no plano institucional, seja no natural. Essa diminuição imposta ao súdito tem suportabilidade limitada, de modo a circunscrever o poder a um ciclo determinado no tempo dentro do qual perecerá. É o que se pode denominar de ciclo de duração do poder, que vencido, graças, também, a outros elementos que operam na mesma direção, dá-se à ruptura da sua estrutura. Aqui, a ideia de ciclo está em consonância com a mensagem que lhe deu causa e que a mutação e o tempo se encarregam de vencer. Quando o ciclo atinge o seu ponto meritório, nele encontrará a expressão de sua valência e, ao mesmo tempo, o seu estado de exaustão; instaura-se o processo de extinção e de sucessão dele. A substituição do súdito naquilo que lhe é próprio por quem detém o poder para exercê-lo é um menos que lhe é impingido; significa a constatação de que lhe falece condição para fazê-lo, o que persiste implícito na própria representação no estado de direito, a despeito da ornamentação buscada no discurso justificativo. De qualquer sorte, o súdito a recebe como subestimação, independentemente de estar, ou não, ajustada ao sistema representativo.

O esgotamento da mensagem e a subestimação sentida laboram na ação subterrânea de implosão do ciclo. Essa percepção do súdito, que importa no arrefecimento de sua autoconfiança e autoestima, o conduz, facilmente, à conformidade com o arbítrio consentido como forma de gestão do Estado e da Sociedade Civil; aqui a premissa repousa numa estrutura psicológica de carência e de dependência que faz o súdito sentir-se incapaz de autogerir-se e de agir com independência da vontade e do poder de outrem; essa reação nada mais significa que a transposição do estado psicológico de submissão para o campo da política; é um *páthos* do indivíduo que contamina a saúde cívica e política do cidadão.

4.

Inteiramente conectada, aparece a personalidade do agente (exercente) do poder, que opera influência decisiva na determinação e duração do ciclo. É a figura do líder, via de regra ornada de magnetismo pessoal, com nível significativo de narcisismo e com dose perceptível de vaidade, que chega a engalanar o exercício do poder. Concomitantemente ao apoio que lhe asseguram fidelíssimos seguidores – a figura do devoto, crente ou prosélito político, tal qual o religioso –, se afirmam repulsas que não se restringem à oposição, senão que às próprias facções gregárias. A soma desses ingredientes incendiários tem o mérito de levar o ciclo ao seu final. Pode-se, portanto, dizer que os ingredientes constitutivos do poder contêm um tal viés de confronto e contestação, com nuances até mesmo patológicas, que convergem sempre na sua própria destruição.

5.

O poder, como dado de formação natural, como instrumento de organização do corpo social, já se afigura como uma anomalia, constatável em todos os níveis de civilização, das mais arcaicas até as mais sofisticadas do século XXI; tem noção de potência, de força, de abrangência e de síntese; dirige-se a todos e pretende-se em nome e em favor de todos; é uma força que nasce na e da sociedade e a ela se sobrepõe; em que o domínio se mostra como o instrumento hábil pelo qual é exercida a articulação do interesse coletivo, que é a síntese de valor essencial da sociedade; o domínio, com isso, se legitima na necessidade social; e, ao transmudar-se o domínio em ideia, dá-se a superação. Não é por outra razão que o poder teve conteúdo e justificativa divinos. Já foi, inclusive, exercido em nome de Deus. Hodiernamente, como domínio em nome e por conta do coletivo, vai além do individual e, ao transpô-lo, ganha uma configuração de significações especiais e distintivas e como tal é visto e aceito pelos súditos que assim o fazem transcendente; "Tirando uma conclusão radical, certos politólogos contemporâneos localizaram a verdade do poder no substrato das grandes mitologias mais do que no saber produzido pela sua própria ciência" (Balandier, 1982, p. 5).

6.

Ser sociológico-político autônomo, inteiramente próprio, *sui generis*, carrega a mensagem da sociedade. É domínio que afronta a autonomia e a liberdade do indivíduo. A supremacia, o empoderamento, a transcendência e o domínio sobrepostos à autonomia e à liberdade do súdito provocam a obediência e a submissão e fazem o poder temido e invejado e, ao mesmo tempo, acolhido e sacralizado, como fato social de vivência coletiva. Essa ambivalência, que o caracteriza, traz inoculado um ato de identificação e de negação. É a ideia-força dominante que expressa práticas e valores que se energizam no meio social e se potencializam em ação, corporificando--se no imaginário coletivo em forma e atributos antropomórficos, por estar constituída e ser portadora do estigma humano, o que lhe dá uma conotação de natureza distinta e polarizada, uma vez que a imaginação não só amplifica como mitifica o poder, invocando o sagrado e o sacrifício. No sentido da corporificação da ideia, vale aqui a observação de Hobbes:

> A união assim feita é chamada uma cidade, ou sociedade civil, e também uma pessoa civil, pois quando há uma vontade de todos os homens, ela deve ser considerada como uma pessoa, e pela palavra 'uma1 deve ser conhecida e distinguir-se de todos os homens particulares, como tendo seus próprios direitos e propriedades. [...] Uma cidade, portanto (assim como a definimos), é uma pessoa, cuja vontade, pelo pacto de muitos homens, há de ser recebida como a vontade de todos eles; de modo que ela possa usar todo o poder e as faculdades de cada pessoa particular para a manutenção da paz e para a defesa comum (2016, p. 87).

No que tange ao sagrado e ao sacrifício, prossegue George Balandier:

> Morávia, em diversas ocasiões, tentou chegar "à verdade do terrorismo". Ele acredita atingi-la mais na profun-

didade, refugiada debaixo das conjunturas e dos acontecimentos: os terroristas "começam lá, onde os outros políticos acabam, isto é, pela morte, porque sentem necessidade de sacralizar suas ideais". Assim, o curso da história não se teria mudado fundamentalmente; o grande debate da ordem e da desordem se relacionaria sempre ao sagrado e aos sacrifícios que lhe dão existência e força (1982, p. 60).

Há uma interlocução entre Hobbes e Balandier que agrega elementos seminais à conceituação do poder; a vontade da maioria na constituição da vontade do todo, com uma personalidade que se corporifica como pessoa na ideia de cidade (Hobbes) e a sacralidade da ideia com um potencial mítico que se constitui num dístico do poder (Balandier).

7.

Por vezes, dissimuladamente invisível, o poder também se faz protagonista da sedução. Como todas as intensidades existenciais ao feitio humano, o poder se compõe, se decompõe e se recompõe como mecanismo de autogestão da sociedade. A dificuldade em alcançar a sua essência já vem denunciada por Bertrand de Jouvenel, em sua obra *O poder: história natural de seu crescimento*, *in verbis*:

Começaremos nossa pesquisa buscando conhecer a essência do Poder. Não é certo que o consigamos, tampouco é absolutamente necessário. De fato, o que nos importa é a relação, grosseiramente falando, do Poder com a sociedade. E podemos tratá-los como duas variáveis desconhecidas das quais somente a relação é apreensível (1998, p. 40-41).

8.

Essa reflexão, no entanto, persiste como um relevante desafio. A vontade coletiva hegemônica (ou, como se queira, a vontade geral, a vontade coletiva, a vontade dominante) emana da vontade e decisão política do cidadão, consubstanciada em ideia, como expressão de necessidades, sentimentos, desejos, propósitos e paixões constituídos na matriz de seu nascedouro que é a natureza humana. Esta vontade coletiva hegemônica nucleariza o poder que é consciência social. O poder é a vontade coletiva hegemônica anônima e impessoal que contém em si a pluralidade de aspectos gestados no âmbito social que o informam e o dimensionam como ideia orgânica.

A ideia carrega em si o poder em potencial; e a hegemonia consolida na ideia o domínio; a partícula de hegemonia metamorfoseia a ideia em poder impulsionada pelo instinto de domínio instalado no indivíduo como radical do poder. A ideia hegemônica, portanto, é o poder potencializado. A ideia é, assim, consubstancial do poder; ou, dito de outra forma, o poder é a ideia empoderada. Ele não é instrumento dela, é ela própria como vontade coletiva hegemônica, como ideia hegemônica. Essa natureza orgânica e consubstancial da ideia hegemônica, portanto, psicossomática, impõe-lhe como metabolismo, por osmose, aquele próprio do corpo social; a pluralidade persistente na base dela, e ao alcance da ação cultural, empresta-lhe um potencial de antídoto que a pode capacitar a sanitizar e abater o vírus do dogmatismo.

A vontade, assim, como dado psicossomático da natureza humana, é um *em-si*, que, sendo vontade de poder, se expressa como ideia hegemônica que pertinentemente a objetiva; o que já fora surpreendido por Schopenhauer: "a vontade é o *em-si* da ideia, esta objetivando perfeitamente aquela" (1985, p. 114). Instrumento é o agente na institucionalidade que o regula no estado de direito. A ideia hegemônica, portanto, configura-se um organismo ético-coletivo ao apropriar-se do comum em que se conectam os interesses e vontades individuais no delineamento daquilo que pode ser definido como interesse geral, nuclearizado por uma consciência coletiva e determinado por uma "vontade de poder"; na dimensão do indivíduo, o instinto de domínio se constitui no suporte remoto da vontade coletiva hegemônica: "O individualismo é uma espécie modesta e ainda inconsciente da "vontade de potência" (Nietzsche, 2011, p. 415). Pertinente a observação de José Arthur Giannotti,

> Matriz ou fonte de poder não se confundem, entretanto, com o próprio poder. Investigando o que venha a ser essa "capacidade" que marca as definições correntes de poder fomos levados a localizá-la nas relações antepredicativas que demarcam o terreno de qualquer modo de comunicação. Mas se o exercício do poder deita raízes num solo prático, não deixa por isso de ser ele próprio um meio de representação (1983, p. 182).

9.

Quando a ideia permeia a sociedade e se expressa como reflexo de uma consciência coletiva, alcança a condição de ideia hegemônica e a consequente natureza de poder. Instaura-se no corpo social não somente pela via concentrada do proselitismo político orgânico (partidos, revoluções, etc.) como, mais consistentemente, afirma-se através da permeabilidade do tecido social, de maneira difusa, acomodando-se em cada consciência na prática social. A constituição da hegemonia da ideia, portanto, não decorre, restrita e exclusivamente, da propulsão do acordo político de lideranças, senão que, por vezes, e com maior eficácia, da prática social – política por excelência – e que se consolida em procedimentos que a retratam e até mesmo a simbolizam. O que resulta, por essa forma, na geração de valores. Talvez aqui se possa socorrer do que se passa, de modo mais intenso e consistente, a despeito de inteiramente distintos os fundamentos (agora sobrenaturais, metafísicos), com as religiões monoteístas – judaísmo, cristianismo, islamismo – em que a essencialidade da ideia hegemônica como poder embasa e polariza, por séculos, a fé de seus milhares de seguidores.

10.

A política, por seu turno, trata, fundamentalmente, com o que é existencial e informe na busca de uma modulação legal na direção do que hoje chamamos estado democrático de direito; não se limita, portanto, às metamorfoses no âmbito da legalidade; daí a sua força criativa alcançar o delineamento dos fundamentos estruturais da sociedade; numa verdadeira preparação da matéria destinada a ser disciplinada pelo direito; assim, não só precede como está sempre presente como atuação preparatória ao regramento jurídico. Tem por objeto central essa consubstancialidade poder/ideia. O deslocamento desse eixo, graças à dualidade do poder, importa no esgotamento da política, na sua corrupção.

O poder ostenta uma teleologia que o faz em si e para si, polarizado pelo fim que é a mensagem da sociedade que carrega como vontade coletiva, com a ambivalência própria da condição humana. O "em si" e o "para si" da ideia hegemônica como poder trazem implícitas as noções de completude e perfectibilidade que se constituem no poderoso ardil que o conduz ao seu próprio termo. Alcança aqui já uma carga com potencial apto à afirmação de uma servidão psicológica, de um despotismo que é acalentado como poder no seio da ideia hegemônica quando dogmatizada. A dualidade do poder vem ressaltada em Bertrand de Jouvenel:

> Havíamos inicialmente suposto um Poder de essência egoísta; vimo-lo adquirir uma natureza social. Eis que agora, supondo um Poder de natureza social, vemo-lo adquirir uma natureza egoísta. Essa convergência de séries racionais nos aproxima da solução irracional: no complexo do Poder real, as duas naturezas estão necessariamente associadas. Não importa de que maneira e com que espírito tenha sido instituído, ele não é nem anjo nem animal, mas um composto que, à imagem do homem, reúne em si duas naturezas contraditórias (1989, p. 152).

Parece inteiramente pertinente invocar-se aqui o pensamento de Antonio Gramsci quando, ciente da dualidade, agrega as categorias do "universal" e do "particular" na busca da formação da "vontade coletiva" (vontade coletiva nacional-popular), via "catarse", como instrumento da política, no processamento da superação do momento "econômico-egoístico" para o "ético-político", na construção dessa "vontade coletiva" que é o poder como fenômeno sociológico real. A propósito, o estudo de Carlos Nelson Coutinho,

> [...] em Gramsci tem lugar uma íntima articulação entre hegemonia e o que ele chama de "vontade coletiva nacional-popular". A hegemonia gramsciana se materializa precisamente na criação dessa vontade coletiva, motor de um "bloco histórico" que articula numa totalidade diferentes grupos sociais, todos eles capazes de operar, em maior ou menor medida, o movimento "catártico" de superação de seus interesses meramente "econômico-corporativos", no sentido da criação de uma consciência "ético-política", universalizadora. Essa passagem "catártica" do particular ao universal, porém, não significa para Gramsci, diferentemente do que ocorre em Rousseau, uma repressão das vontades singulares, mas sim, tal como em Hegel, uma superação dialética, na qual o "ético-político", a vontade coletiva, conserva e ao mesmo tempo eleva a nível superior os interesses singulares e particulares dos diversos componentes plurais do "bloco histórico" (2012, p. 250-251).

Há aqui um transformar-se no outro, um esforço que se verifica no sentido de sair de si na direção do outro; uma fantástica "catarse" na afirmação da alteridade e da convergência (identidade) na busca do comum que identifica no encontro do próprio e no do outro; esse despregamento de si para o outro e na transformação de si próprio, num movimento de construção do interesse coletivo, em que o interesse individual é o átomo de motivação e irradiação desse processo. Novamente Jouvenel:

> É preciso fazer uma ideia completamente errônea da adolescência das sociedades para supor que um ou alguns homens detentores de uma autoridade prática tivessem então condições de impor aos súditos comportamentos que representam uma ruptura com seu sistema de crenças e de costumes. Ao contrário, eles próprios estão presos a esse sistema (1998, p. 262).

Vê-se, aqui, o quanto de complementar há na lição de Jouvenel ao pensamento de Gramsci, na identificação de que o universal se nutre, como síntese, da atomicidade plural das particularidades, o que faz sempre do eventual agente um ativista dessa síntese, ao invés de promotor de uma ação disruptiva. O que de surpreendente se pode dar é o direcionamento preciso da essencialidade contida na síntese pela ação do agente que possa, equivocadamente, ser tida como atributo restrito ao ato deste, quando, em realidade, afeto ao qualificado conteúdo daquela.

11.

O poder, portanto, não é o seu agente. A despeito da relação íntima, persistem diferenças que permitem identificar as tipicidades próprias de cada um. O poder absorve as características e propriedades do corpo social, com a participação em tudo o que é próprio e genuíno da natureza humana, materializando-se em ideia-força, hegemônica. É de Hegel a ponderação: "Assim, a ideia, como concreta em si mesma e desenvolvendo-se, é um sistema orgânico, uma totalidade que compreende em si multidão de graus e de momentos" (1980, p. 69). É a ideia, portanto, constituindo-se como um universal, como um *em-si*.

12.

No mundo estritamente natural, entre os animais, há mostra evidente da existência do poder e que se manifesta nas relações que se estabelecem entre eles. Apresentam-se as figuras do empoderamento e do domínio, da submissão e da obediência, cujos ditames permitem o estabelecimento do hábito, como expressão da aptidão instintual, que conduz o coletivo animal. Na dimensão humana, também o hábito se faz presente. É de Aristóteles a ponderação de que

[...] é mais fácil mudar um hábito do que alterar a nossa natureza; e o próprio hábito muda dificilmente porque se assemelha à natureza, como diz Eveno. O hábito, meu caro, não é senão uma longa prática que acaba por fazer--se natureza (1984, p. 170-171).

Santo Agostinho, parafraseando Aristóteles, reitera constituir-se o hábito em uma segunda natureza:

> Agostinho fala com frequência de "violência" – do hábito: "Não surpreende que o homem, por causa da ignorância, não tenha o livre-arbítrio de sua vontade para escolher o bem que deveria fazer ou então que ele, diante da resistência dos hábitos carnais, transformados de certo modo em disposição de natureza pelo efeito do que há de brutal na propagação de sua vida mortal, veja o bem por fazer e o queira, sem poder realizá-lo" (Lib. Arb., III, 18,52). A "segunda natureza" criada pelo hábito limita a liberdade de escolha [...] (Sperber, 2003, p. 48-49).

Com relação a isso, tem-se notícia de estudos científicos conclusivos desenvolvidos especialmente a partir de 1990, pela neurogenética, tendo por objeto a interação do comportamento social (hábito) com a genética humana, como faz certa referência, sempre segura, feita por Dráuzio Varella:

> A antiga dicotomia entre os genes e o ambiente é coisa do passado. É tão absurda como ouvir a música e discutir se vem do piano ou do pianista. As moléculas que constituem nosso DNA não traçam nosso destino, mas sob a influência dos estímulos ambientais sofrem arranjos e

rearranjos que explicam a incrível diversidade humana (Folha de São Paulo, l8/4/2011).

13.

No plano humano, a função do poder – condução do corpo social – é alcançada e formatada pela cultura que aporta contribuições que lhe são próprias. As características naturais de empoderamento, supremacia e domínio estão arraigadas na matriz psicossomática do poder, como parte do seu DNA, imantadas que estão de todos os dados da genética humana. As condições psíquicas, em que podem ser identificados sentimentos como o interesse, o medo, o ódio, a solidariedade, a insegurança, a vaidade, o egoísmo, a autoproteção, a empatia, o carisma, o fascínio, as percepções e as expectativas, a reputação, o cinismo, o prestígio, o narcisismo, o sadismo, o masoquismo, a ira, o ciúme, a vingança, a finitude e a solidão, se encarregam de consolidar essa configuração; é que a ideia ético-político hegemônica, como vontade coletiva dominante, contém pensamento e ação humanos potencializados ao domínio na sociedade, assumindo-se e expressando-se como poder, cuja matriz da axiologia social radica na natureza humana. Fortalece-se e vivifica-se nas dimensões envolventes de suas ramificações que alcançam o prazer e a própria negação dele; como destaca Foucault:

O que faz com que o poder se mantenha e que seja aceito é simplesmente que ele não pesa só como uma força que diz não, mas que de fato ele permeia, produz coisas, induz ao prazer, forma saber, produz discurso. Deve-se considerá-lo como uma rede produtiva que atravessa todo o corpo social muito mais do que uma instância negativa que tem por função reprimir (2017, p. 45).

No mesmo sentido, Vladimir Safatle: "Todo o poder é uma promessa de gozo, e não poderia ser diferente com a experiência religiosa" (Folha de São Paulo, 12/1/2018).

14.

Já o agente aciona o poder, põe-no em funcionamento. Exerce-o. Pode-se, assim, falar em poder que é e poder que é exercido. A distinção, portanto, entre o ser do poder e o exercício do poder não é de somenos. O mesmo Foucault:

> A questão do poder fica empobrecida quando é colocada unicamente em termos de legislação, de Constituição, ou somente em termos de Estado ou de aparelho de Estado. O poder é mais complicado, muito mais denso e difuso que um conjunto de leis ou um aparelho de Estado (2017, p. 334-335).

O poder se constrói na vivência das relações sociais, e, posteriormente, se organiza e se institucionaliza pela política e pelo direito. O ser do poder consolida-se como um distinto fenômeno sociológico, que tem na relação o seu ponto central. O poder, como dado sociológico, é fruto das relações que se afirmam dominantes. E tais relações são sempre relações de poder, quer se visualize este na sua dimensão microscópica quer na sua realidade macroscópica. O interesse constitui o seu polo central, em que o conteúdo individual e egoístico se contrapõe ao interesse geral, este sob o signo de uma consciência ético-política (Gramsci). A dinâmica social se processa na confrontação desses interesses em que a superação, nesse processo dialético, dará conta do nível civilizatório. O poder consagra também um sistema de verdades que lhe é próprio. Aqui, novamente, Foucault:

> Cada sociedade tem seu regime de verdade, sua "política geral" de verdade: isto é, os tipos de discurso que ela acolhe e faz funcionar como verdadeiros; os mecanismos e as instâncias que permitem distinguir os enunciados verdadeiros dos falsos, a maneira como se sanciona uns e outros; as técnicas e os procedimentos que são valorizados para a obtenção da verdade; o estatuto daqueles que têm o encargo de dizer o que funciona como verdadeiro (2017, p. 52).

E, mais adiante, prossegue Foucault:

> Por "verdade", entender um conjunto de procedimentos regulados para a produção, a lei, a repartição, a circula-

ção e o funcionamento dos enunciados. A "verdade" está circularmente ligada a sistemas de poder, que a produzem e apoiam, e a efeitos de poder que ela induz e que a reproduzem. "Regime" da verdade (2017, p. 54).

É que a verdade é um atributo da realidade, conferindo-lhe a necessária intensidade valorativa; constitui-se, portanto, na intensidade axiológica que se expressa através do discurso justificativo. A verdade é o equilíbrio do ser, ou seja, o ser somente se tipifica enquanto verdadeiro. A hegemonia intensifica na ideia uma forte presunção de veracidade. Daí a ideia hegemônica propor-se como uma verdade com uma projeção de supremacia que, fundada na noção de consenso, desperta a vocação impositiva da carga de arbítrio do arsenal do domínio como substrato do poder.

15.

A ideia é a fonte do poder. A ideia hegemonizada é o poder. O empoderamento, como energia do poder, se processa de modo a constituir a nova categoria que se perfaz como ideia empoderada, ou seja, ideia hegemônica. O empoderamento é o movimento da ideia na direção da hegemonia em que a mesma se consolida como poder. A força dela assim constituída – ideia hegemônica – supera em muito a da violência física, quer como instrumento civilizatório, quer como da barbárie, podendo servir tanto ao despotismo como à liberdade e à democracia; a sua manipulação pode induzir facilmente ao engodo. A ideia instrumentalizada pela vontade potencializa a expressão da inteligência humana e exterioriza de forma orgânica a sua natureza psicossomática como ser que se manifesta e age no mundo existencial; e como ser que se projeta para fora de seu casulo, que, saindo de si, se vê e pensa a si própria e ao mundo com autonomia; ou seja, como um ser que, enquanto se vê e reflexiona, vê e reflexiona sobre a totalidade existencial; o ser humano se exterioriza e age como ideia, que, por osmose do ato humano, se constitui na sua intelecção, ou, se o desejarmos, na sua sombra humana e existencial.

16.

O agente é sempre um usufrutuário, benigno ou maligno, para o bem ou para o mal. O poder é sempre um fenômeno social integrado por elementos próprios e independentes do agente. É de lembrar aqui a conceituação feita por Jouvenel, em *Anatomia do poder*, de Galbraith: "O líder de qualquer grupo de homens sente, em vista disso, quase uma ampliação física de si mesmo. O comando é um pico de montanha. O ar que ali se respira é diferente e as perspectivas dali são diferentes daquelas do vale da obediência" (1984, p. 10).

A força da metáfora é por demais elucidativa: o poder como categoria sociológica está expresso na montanha, enquanto o que a ela se sobrepõe como pico afigura-se o agente, já transcendendo o "vale da obediência". Com relação ao agente o que se passa é o exercício do poder, bem ou mal manejado, com maior ou menor qualificação; pode, por seu turno, também ostentar poder que lhe é próprio, por ele construído e constituindo bagagem de atributos pessoais. É reforçativo do poder no qual está investido. Aqui não se está adstrito, é pertinente que se registre, ao poder representado pela investidura institucional, em cargo político, por exemplo, Presidente da República. O de que se trata é do poder como fenômeno sociológico, com dimensões políticas e jurídicas. O modo do exercício do poder permanece na dependência do tipo de personalidade, caráter, concepções políticas e ideológicas próprias do agente. A sua atuação, portanto, passa a ter relevante significação na definição de como o poder passará a ser exercido. O que se dá é que o agente, ao exercê-lo, se empodera com o poder, verificando-se uma verdadeira simbiose entre ambos. Assim conectados, os méritos e os deméritos se comunicam e determinam a qualidade do exercício.

A autonomia do poder real confunde o agente que se vê empoderado, por via reflexa, isto é, pelo poder no qual está investido e do qual é mero exercente. O prestígio, notadamente do líder, induz a que seja tomado por poder real o que, de fato, é um atributo reconhecido ao agente nos limites do exercício de um poder que não lhe pertence. Cuida-se, portanto, de eficácia operacional do agente do poder real, que dele é distinto e que com ele não se confunde. E aqui talvez resida o ponto relevante da questão e consistente em que o empoderamento do agente (líder) o é na função que lhe é outorgada, ou seja, de mandatário para o exercício do poder real que lhe é conferido pela vontade coletiva hegemônica. Não é por outra razão que os súditos, ao emprestarem notoriedade ao agente (líder), o fazem, comumente, sob o mantra de que o nomeado sabe o que fazer com o poder que lhe é outorgado. A qualificação maior ou menor do agente, que se expressa no prestígio que lhe é tributado, se consubstancia em empoderamento pessoal, porém, restrito à função instrumental de condução política do poder real afeto inteiramente ao corpo social. A confusão de poder e agente decorre, possivelmente, da dicotomia entre poder real e poder formal; por este se há de entender o poder institucionalizado hierarquicamente com discriminação de competências e investiduras, por expressa previsão legal; já o poder real, alheio ao institucional, irrompe do mundo fático das relações sociais com a percepção apta a entender a sinalização dada pela massa crítica em que se constitui como fato sociológico com conteúdo político, força jurígena e natureza hegemônica.

O poder não é o que é o seu agente; é, isto sim, a ideia que ele representa; a subjetividade diz com o exercício do poder, com quem o exerce; enquanto o poder diz com a essência que é a ideia que o tipifica. Na linha proposta, fazendo-se concessão ao reducionismo, em face da imensidão metafísica do conceito e do sentimento religioso, a que se tributa imperativo respeito, por certo que não cometeria nenhuma afronta à sensibilidade religiosa em mencionar que Jesus Cristo representa a ideia de que é a palavra do "Pai", em que o poder se consubstancia na mensagem cristã (cristianismo), como essência do "verbo". Na política, entre tantos outros exemplos significativos, um é especialmente paradigmático: Churchill foi o agente da ideia hegemônica na guerra; na paz passou o cetro; posto que o homem (agente) na guerra nem sempre é o preferido na paz.

17.

Quando se cuida do agente do poder e do líder há que se atentar, sem prejuízo de outras considerações cabíveis, às transformações trazidas pelas redes sociais e à nova realidade daí decorrente. Na busca da determinação da vontade geral, a estruturação democrática do poder vale-se de mediações: a representação política e a liderança de grupos que vicejam na sociedade. Enquanto a representação tem forma legal, a liderança se constitui, genuinamente, pela via não institucional, expressando-se na espontaneidade social. Sobre ambas pesa o desafio da legitimidade e da eficácia, cuja ausência as pode comprometer, se não a sua existência, pelo menos a sua confiabilidade. Exatamente neste ponto de inflexão se fazem presentes as redes sociais que potencializam o cidadão a agir diretamente no exercício do poder de que é titular. Ele é empoderado pela tecnologia que o faz ator, sem mediação. Esse fenômeno, que atomiza os vínculos pessoais para só uni-los na polarização da ideia, afronta o "líder de massa" e impõe nova moldura legal à representação política; desidrata a figura convencional daquele, no estilo em que se vê insculpido, pela afirmação da participação direta de cada cidadão como expressão da própria autonomia; e alcança, também, a representação nos Poderes Legislativo e Executivo, que necessariamente se manterá, porém, em moldes mais aptos para a absorção da vontade dos representados. O déficit da representação política vem de ser suprido pela manifestação direta da vontade do representado. Isso é sinal evidente de que o cidadão se sente insuficientemente representado. A contundência da manifestação da ideia, aqui já na construção do empoderamento que se pretende constituir, e a força do meio pelo qual acontece se impõem como afirmação direta do cidadão, consubstanciada numa verdadeira e legítima autoconvocação, à semelhança do que, em caráter excepcional, em direito político, é conhecida como consulta à fonte originária do poder.

A ação do "líder de massa", e, em consequência, do populismo, como meio de atuação e condução política dos interesses coletivos da sociedade, se vê ameaçada em face dessa nova realidade. As manifestações atomizadas das vontades, não mais subjugadas e condicionadas pelas hierarquias políticas, que as inibem e as pressionam, são liberadas da opressão dos seus algozes; essa atuação "encapuzada", sem cara, tem aptidão para convulsionar os subterrâneos da sociedade e trazê-los à luz com todas as suas mazelas e demandas. À representação institucional caberá, nesse processo dialético, operar a síntese dessa realidade pela metabolização e a superação dela em nível mais elevado e compatível com a estrutura democrática de poder. A democracia por certo agradecerá.

18.

Dizer que uma pessoa tem autoridade não é dizer que ela efetivamente tem poder, mas que a fórmula política lhe confere poder, e que aqueles que aderem à fórmula esperam que tenha poder e consideram justo e correto o seu exercício do poder. [...] Afirmamos, em uma hipótese anterior, que o poder tenta adquirir ou controlar a autoridade. A autoridade não pode subsistir indefinidamente em conflito com o poder Efetivo (Kaplan; Lasswell, 1979, p. 169, 176).

Do texto citado decorre a constatação da dicotomia autoridade/poder, que está, por certo, amparada na distinção que se estabelece entre poder formal e poder real; daí a ocorrência de autoridade sem poder ou no limite daquilo que lhe foi atribuído, o que é mais próprio na legalidade formal; e do poder sem autoridade formal, afirmada esta (autoridade) no plano exclusivo da realidade. A natureza entrópica do poder real, que o tensiona ao ilimitado, tende a se sobrepor à autoridade formal; isso porque o poder real já se constitui por si mesmo em fonte natural geradora de autoridade. Por seu turno, como poder, a ideia hegemônica expressa uma totalidade, em que há sempre uma inclinação ao absoluto, em flerte disfarçado com uma postura metafísica; no entanto, em direção inversa, é uma totalidade humana e nos limites do humano; a realidade dela é constituída na constância do movimento, o que importa estar sempre *in fieri*; ou seja, uma totalidade em estado de incompletude por estar sempre sendo sob a impulsão do movimento. Pode-se, portanto, dizer que a ideia hegemônica, como explicitação do poder, é enquanto sendo; com essa dimensão constitui-se num *em si*.

19.

Relativamente ao agente, ou é um mandatário investido pela via legal, ou afirmado por imposição da realidade; em ambas as hipóteses, a investidura não consegue fugir da natureza da representação, ou seja, da natureza instrumental. A ausência de sintonia entre ambos deslegitima o agente, o que nem mesmo a investidura formal do estado de direito consegue suportar; o empoderamento do agente é desfibrado, o que o leva à falência política; o que é legítimo é o dado sociológico (poder), que, na medida da sintonia, qualifica o agente. A constituição e a autonomia do poder como categoria própria, com tipicidade distinta, inclusive de seu agente, podem ser surpreendidas, em remissão histórica, no reconhecimento, que lhe foi feito, de conteúdo divino, reduzido o agente a um fiel mandatário do além. Mesmo nesse descaminho histórico já se dá a identificação do poder como um ente autônomo, adstrito o agente ao mandamento divino.

20.

Na dimensão psicológica, o poder nunca é reconhecido; é, por interesse e conveniência, tolerado, o que significa dizer, suportado. Por sua vez, a transferência dos poderes de que é o súdito titular é uma criação da cultura que somente ocorre por funcionalidade social.

A estruturação do corpo social, tanto na sociedade arcaica quanto na civilizada, é feita pela via de mutilações, que não cicatrizam, impostas pelo poder e pela violência (força) que dele faz parte. A violência é uma inerência do mundo animal, da sobrevivência das espécies, em que a própria natureza se encarrega do equilíbrio delas, de modo que umas sirvam aos apetites das outras, como as carnívoras, que se nutrem de parte das demais. Isso é inquestionável na vida natural. Na humana, com variantes pertinentes, dá-se o mesmo na dimensão comportamental em que a subjugação física e psíquica é empregada no ajustamento de condutas, ao abrigo do monopólio legal da força.

21.

Embora consabido, cabe aqui uma digressão sobre a força (violência) como noção integrante da ação civilizatória. Pela ordem, a defesa da integridade física está sobreposta, seguindo a psicologia dos valores e das regras; a vida humana, na sua expressão material e existencial, está representada pelo componente físico com suas necessidades de manutenção e preservação, complementado, por evidente, pela estrutura psicológica, compondo um todo psicossomático; na ordem natural das precedências, ao corpo cabe a matriz existencial da vida. A sua tutela, como base de todas as outras dimensões da existência humana, faz-se, também e fundamentalmente, pela via de um ato material que, *in extremis*, consiste no emprego da força física.

A exclusão dela põe em risco essa proteção básica. No limite, portanto, a preservação da vida se dá sempre por meio de um ato material de força, o que se mantém verdadeiro independentemente do nível da civilização, quer se trate das relações do homem das cavernas, quer das da sociedade moderna; por seu turno, os meios culturais que se expressam pela via dos valores e das normas que disciplinam o convívio social constituem-se nas instrumentalidades civilizatórias que, previamente, buscam evitar o desastre do emprego da violência (força), de trágicas consequências, como dá conta a narrativa histórica; a civilização não tem conseguido, no entanto, afastar do convívio social o emprego da força, não tendo ainda alcançado um substituto racional pleno ao emprego dela, de modo a excluí-la da sociedade humana, relegando-a ao seu mundo original que é o da barbárie; o avanço até aqui alcançado, ainda que relevante, se restringe à distinção de *potentia* e *potestas*, esta como violência normatizada; isso conduz, necessariamente, à admissão de ser a força, tanto no significado concreto de violência física quanto no de coação psíquica, parte integrante das normas civilizadas que regram a vida em sociedade. É o monopólio legal da força como regra institucionalizada. De não esquecer aqui também o que Freud destaca:

> Portanto, em tudo o que segue me atenho ao ponto de vista de que o pendor à agressão é uma disposição de instinto original e autônoma do ser humano, e retorno ao que afirmei antes, que a civilização tem aí o seu mais poderoso obstáculo. No curso desta investigação, impôs-se-nos a ideia de que a cultura é um processo especial que se desenrola na humanidade, e nós continuamos sob o influxo dessa ideia. Acrescentemos que é um processo a serviço de Eros, que pretende juntar indivíduos isolados, famílias, depois etnias, povos e nações numa grande unidade, a da humanidade. Por que isso teria de ocorrer não sabemos; é simplesmente a obra de Eros. Essas multidões humanas devem ser ligadas libidinalmente entre si; a necessidade apenas, as vantagens do trabalho em comum não as manterão juntas. Mas a esse programa da cultura se opõe o instinto natural de agressão dos seres humanos, a hostilidade de um contra todos e de todos contra um. Esse instinto de agressão é o derivado e representante maior do instinto de morte, que encontramos ao lado de Eros e que partilha com ele o domínio do mundo. Agora, acredito, o sentido da evolução cultural já não é obscuro para nós. Ela nos apresenta a luta entre Eros e morte, instinto de vida e instinto de destruição, tal como se desenrola na espécie humana. Essa luta é o conteúdo essencial da vida, e por isso a evolução cultural pode ser designada, brevemente, como a luta vital da espécie humana. E é esse combate de gigantes que nossas babás querem amortecer com a canção de ninar falando do céu"! (Freud, 2010a, p. 90-91).

Não menos pertinente a advertência de Georges Balandier:

> O poder estabelecido unicamente sobre a força ou sobre a violência não controlada teria uma existência constantemente ameaçada; o poder exposto debaixo da iluminação exclusiva da razão teria pouca credibilidade. Ele não consegue manter-se nem pelo domínio brutal e nem pela justificação racional. Ele só se realiza e se conserva pela transposição, pela produção de imagens, pela manipulação de símbolos e sua organização em um quadro cerimonial (1982, p. 7).

22.

O ato material de barbárie, portanto, nos limites de sua aceitação, é também ato civilizatório, o que se processa pela metamorfose daquele em violência legítima enquanto acolhida e regrada pelo direito. A propósito, observa Freud:

> Esse é o estado original, o domínio do poder maior, da violência crua ou apoiada na inteligência. Sabemos que esse regime foi alterado no curso do desenvolvimento, que houve um caminho da violência para o direito; mas qual? Um único caminho, creio eu; que considerou o fato de que a maior força de um podia ser compensada pela união de vários fracos. *"L'union fait la force"*. A violência é derrotada pela união, o poder daqueles unidos passa a representar o direito, em oposição à violência de um

indivíduo. Vemos que o direito é o poder de uma comunidade. É ainda violência, pronta a se voltar contra todo indivíduo que a ela se oponha; trabalha com idênticos meios, persegue os mesmos fins. A diferença está apenas em que não é mais a violência de um só indivíduo que se impõe, mas da comunidade. Para que se realize essa transição da violência para o direito, no entanto, é preciso que uma condição psicológica seja satisfeita (Freud, 2010b, p. 420).

E logo a seguir, ainda Freud em *Por que a guerra?* – *Carta a Einstein*: "Assim, parece mesmo que a tentativa de substituir o poder real pelo poder das ideias ainda se acha condenado ao fracasso. É um erro de cálculo não considerar que originalmente o direito era força bruta e que ainda hoje não pode prescindir do amparo da força" (2010, p. 426). Daí o dilema formado pela parelha leis/armas, como destaca Machiavel: "e, como não pode haver boas leis onde não houver boas armas – e onde há boas armas convém que haja boas leis –, deixarei de parte o tratamento das leis e falarei das armas" (2010, p. 86). E mais adiante, o mesmo Maquiavel:

> Também deve ser do conhecimento geral que existem duas matrizes de combate: uma, por meio das leis; outra, pelo uso da força. A primeira é própria dos homens; a segunda, dos animais. Contudo, como frequentemente a primeira não basta, convém recorrer à segunda: por isso um príncipe precisa saber valer-se do animal e do homem. Este ponto foi ensinado veladamente aos príncipes pelos escritores da Antiguidade, os quais escreveram como Aquiles e tantos outros príncipes antigos foram

deixados aos cuidados do centauro Quíron, que os manteve sob sua disciplina. Isso quer dizer que, tendo por preceptor um ser metade animal e metade homem, um príncipe deve saber usar de ambas as naturezas: e uma sem a outra não produz efeitos duradouros [...] (2010, p. 104-105).

Quanto ao emprego das armas, ele próprio pondera: "Não é que eu creia que não se deve jamais empregar as armas e a força; mas é preciso usá-las só como último recurso, quando todos os demais se revelarem insuficientes" (Maquiavel, 1979, p. 266); o que já vinha presente no ditado baseado numa frase de Vegécio (séc. IV d.C.): "*si vis pacem, para bellum*".

Nesses dois itens (21 e 22) surpreende-se um diálogo que perpassa os textos dos autores citados – Freud, Balandier e Maquiavel –, que, enfrentando o tema central da produção do poder, apontam para a convergência consistente na coexistência necessária da razão e da força regulada (*potestas*) na obra civilizatória e na constituição do poder; admitem como permanente na sociedade humana o confronto da razão e da violência, que, na linguagem conceitual de Freud, se dá na luta de Eros e do instinto de morte (Tânatos); em Maquiavel na busca do equilíbrio entre armas e leis; por seu turno, Balandier põe em destaque e prioriza a produção de valores simbólicos; por derradeiro, Freud agrega o ato de congregamento – *l'union fait la force* – em que se pode identificar uma digital da ideia hegemônica em gestação como expressão do poder.

23.

O poder no mundo animal é instinto em estado larvar; no mundo humano é um querer – uma vontade – como expressão de uma energia psicossomática que se materializa numa ideia. Poder sem ideia é desforço físico, é arrogância instintual pura; é só violência da força; como ideia encarna a substancialidade conceitual civilizada de si próprio. Quem sabe o nível de civilização possa ser aferido pelo movimento pendular indicativo do predomínio de uma ou de outra delas (leis/armas); daí ser o poder um dilema de contradições sistemáticas em busca constante de um equilíbrio que é condicionante de sua própria continuidade. A política é o campo apropriado de gestão do poder; é pela articulação dos mecanismos políticos que é buscado o equilíbrio entre as demandas de interesses e pretensões com vista à viabilidade das relações sociais; nesse equilíbrio reside a estabilidade do poder.

24.

O empoderamento traz ínsita uma vontade de poder que lhe é imanente e que busca sempre expressar-se. A norma é a vocação do poder que busca por essa via alçar-se ao conteúdo dela. O poder em sua densidade real carece sempre de uma inserção institucional que lhe empreste a noção de generalidade e impessoalidade, extirpando, com isso, a ideia restritiva de parcialidade de interesse e finalidade, o que é alcançado na formalidade da norma; daí que ascender a ela é parte relevante do empoderamento e de sua consolidação. Irrecusável, aqui, a lembrança do conto de Machado de Assis "A Igreja do Diabo", da ânsia obsessiva deste pela institucionalidade formal à semelhança da divina. No seu aspecto mais abrangente, a afirmação do poder se concretiza e se legitima, como comando da sociedade, ao alcançar a institucionalidade formal.

A pretensão a ser objeto de uma norma, a transformar-se em regra normativa, não é para limitar-se, senão que para legitimar-se. Cai, aqui, no astucioso ardil decorrente da ambivalência da norma. Alcança a generalidade e a impessoalidade, porém, ao preço da contenção do arbítrio. A forma que amplia é a mesma que restringe. Destaque-se, no entanto, que a disciplina jurídica não altera a natureza sociológica do poder, impõe-lhe, tão somente, limites. Dá-se, assim, que a vontade coletiva, como vontade de poder, passa a ser a vontade do Estado na direção e organização da sociedade. Poder, liberdade e ordem se interligam promanando de efeitos recíprocos, de modo que, em nome da ordem, o poder estabelece limites à liberdade dos súditos e, por consequência, limite a si próprio (autolimite).

25.

A impulsão na direção de sua ampliação é inclinação natural do poder; e, em busca de sua própria superação, na obsessão de uma sempre maior grandeza; o que o conduz ao seu próprio desastre, ao seu fim. "Ao centro das ilusões produzidas pelo poder se encontra a capacidade de escapar aos assaltos do tempo" (Balandier, 1982, p. 10). À semelhança da lei física da entropia, o poder tende sempre, pela sua própria intrínseca natureza, irreversivelmente, ao alargamento de seu domínio como força natural avassaladora.

É a lição de Hobbes em *Leviatã*:

> Assinalo assim, em primeiro lugar, como tendência geral de todos os homens, um perpétuo e irrequieto desejo de poder e mais poder, que cessa apenas com a morte. E a causa disto nem sempre é que se espere um prazer mais intenso do que aquele que já se alcançou, ou que cada um não possa contentar-se com um poder moderado, mas o fato de não se poder garantir o poder e os meios para viver bem que atualmente se possuem sem adquirir mais ainda. E daqui se segue que os reis, cujo poder é maior, se esforçam por garanti-lo no interior através de leis, e no exterior através de guerras. E depois disto feito surge um novo desejo, em alguns, de fama por uma nova conquista, em outros, de conforto e prazeres sensuais, e em outros de admiração, de serem elogiados pela excelência em alguma arte, ou outra qualidade do espírito. A competição pela riqueza, a honra, o mando e outros poderes leva à luta, à inimizade e à guerra, porque o caminho se-

guido pelo competidor para realizar seu desejo consiste em matar, subjugar, suplantar ou repelir o outro. Particularmente, a competição pelo elogio leva a reverenciar a antiguidade. Porque os homens competem com os vivos, não com os mortos, e atribuem a estes mais do que o devido a fim de poderem empanar a glória dos outros (1983, p. 60).

26.

Já a proposição de Aristóteles diz respeito a um poder institucionalizado, ao qual foi imposto limite, via regramentos específicos, com a redução de sua força expansiva: "Quanto menos amplas as atribuições soberanas de um poder qualquer, mais oportunidade de duração ele terá [...] Diminuindo o poder real, ele aumentou a sua duração e assim, ao invés de reduzi-lo, tornou-o de algum modo maior" (Livro V, cap. IX, 2009, p. 198). O que se investiga, no entanto, é da natureza real do poder como ente sociológico-político, numa perspectiva hobbesiana, de sua tendência entrópica que aponta para sua sistemática maximização como expressão dessa natureza intrínseca que ostenta. É certo que o estado de direito, como ato civilizatório, é a inteligência sobre o impulso expansionista do poder em seu estado natural. O dilema, no entanto, persiste como permanente desafio e reside exatamente nessa tensão constante provocada pelo expansionismo natural do poder contraposto ao limite determinado pela regra jurídica; isso porque a projeção no tempo – maior duração assegurada ao poder – não tem o mérito de extinguir o impulso expansivo inerente à natureza dele. Assim, torna-se difícil aceitar como aumento, senão que como contenção, o que já é, por si, uma complexa e desafiadora missão a cargo do estado de direito.

27.

No poder, o que está oposto ao limite é o despotismo que é próprio de sua natureza, posto que, polarizado pelos fins, não atenta para os meios. "Os povos erguem o cadafalso, não como a punição moral do despotismo, mas como a sanção biológica da impotência." (Jouvenel, 1998, p. 274). Essa naturalidade do despotismo, na condição humana, ganha expressividade já na fase infantil do homem, o que se infere das ponderações de Freud quando trata do sistema narcísico: "Doença, morte, renúncia à fruição, restrição da própria vontade não devem vigorar para a criança, tanto as leis da natureza como as da sociedade serão revogadas para ela, que novamente será centro e âmago da criação. *His Majesty the Baby*, como um dia pensamos de nós mesmos" (2010, p. 37, v. 12). O poder somente pode ser eficazmente contido pelo ato civilizatório. Porém, é sempre a luta do vício e da virtude. O controle do poder, tal como o autocontrole no plano individual, diz com os limites, com a liberdade e com a segurança.

28.

O agente do poder, por seu turno, padece de um processo de despersonalização e desumanização. Transcende o âmbito do pessoal, insere-se no coletivo de modo a alcançar outra dimensão que não é mais a do individual. Opera-se uma transcendência da dimensão individual em que, afastando-se da "persona" que lhe é própria, assume um tipo cujo perfil vem insculpido com os traços que lhe agrega a imagem gestada pelos súditos; como já foi dito, uma máscara de tal modo afeiçoada à face que a ela se ajusta como se obra fora da própria natureza; é a "persona" pública na teatralidade cívica da "Ágora". Constrói-se, assim, uma personagem com personalidade pública:

> Nestes regimes tradicionais, em que abundam os símbolos, a transfiguração provocada pelo poder e a encenação da hierarquia se tornam evidentes [...] Ele está no centro da representação: palácio, cortesãos, desdobramento de força, cerimonial e festa, marcas de diferenciação e comportamentos codificados. Mais ainda, ele mesmo "pelo

seu corpo", lugar de representação. Modificações físicas, às vezes sexuais, podem ser-lhe impostas. O poder o "veste" ou fixa sua figura sobre a superfície de sua pele. O soberano Loango, pintado de ocre e de caulim, desde a fronte até os artelhos, torna-se um registro onde o poder se inscreve em signos e motivos. De tudo isto resultam duas consequências principais. Diferenciando de modo absoluto, o poder torna sagrado, separa, põe os súditos de lado, como os fiéis em face das divindades – bem que a política e a religião se aparentam. Requerendo esta transformação radical, o poder impõe um procedimento para efetuá-la (Balandier, 1982, p. 17).

E essa distinção é um dístico do poder, que é também empoderamento e, como tal, mexe com toda a organização psíquica do agente e com os sentimentos que lhe são próprios: vaidade, inveja, medo, ódio, falsidade, lealdade, egoísmo, cinismo, amor, etc. Aliás, a propósito, novamente Maquiavel, *"Discorsi"*: "O orgulho e a vaidade são as fontes mais fecundas do ódio, sobretudo entre os homens que gozam de liberdade" (1979, p. 392). O poder, portanto, exige limites rigorosos de tal forma que passe ao agente a clara ideia de que as atribuições a ele confiadas se situam na natureza própria das ações humanas e, sinale-se, com o sentido de encargo, não de benesse. É, portanto, um ônus que lhe é conferido pela coletividade, que, ao mesmo tempo, importa num reconhecimento social fundado num grau elevado de confiança na pessoa do agente.

29.

O eleito – e a palavra vem impregnada de um conteúdo religioso que a compromete – pelo corpo social, e ungido pelo poder, é, de certa forma, vítima do imaginário coletivo, que se encarrega de moldar a imagem do agente com atributos que transcendem a condição humana. Se o agente é assim visto pelo corpo social – com poderes transcendentes –, como esperar que a vaidade deste possa resistir a tudo isso? Haja estrutura e sabedoria para manter-se apegado à realidade! O que não é, convenhamos, suportável, como de hábito se comprova, pelo comum dos mortais. É que o corpo social projeta, pela via da transferência, toda a gama de suas expectativas plenas de interesses e frustrações sobre a pessoa do eleito. Para responder por tudo isso, numa linha de coerência, o imaginário constrói a figura do Super-Homem com o qual identifica o agente. O caminho para o abismo fica aplainado. Por isso a política está sempre exposta aos destemperos da imaginação, quando deveria manter-se centrada na racionalidade. O poder contém sempre um elevado risco por ser o homem movido muito mais pelo interesse e pelo desejo do que pela razão: "contudo, há um erro comum a todos os homens, que é a incapacidade de pôr limites às suas esperanças. Apoiam-se nelas sem medir perfeitamente as possibilidades, e são arrastados para o abismo" (Maquiavel, 1979, p. 287).

30.

O corpo social, como já destacado, a par com a personalidade privada constrói uma personalidade pública para o agente político; aquela com os atributos e as tipicidades cravadas na individualidade natural, e esta com a composição que lhe conferem os súditos, em que se delineia a imagem pública. Essa performática radica numa invencível ambivalência que, anestesiando o indivíduo, reforça o cidadão como agente político em atuação na "pólis". Essa ambiguidade se torna insuperável, apontando, necessariamente, para o descontrole, ou seja, para o traumático.

A personalidade pública, tal como prefigurado pela "pólis", ganha a dimensão que a vontade coletiva lhe confere e que a faz revestida de uma natureza trágica, na razão direta do intangível e invencível encargo que lhe é imposto: a esperança e o sonho de uma coletividade, em que a ação jamais alcançará a pretensão – posto que amparada em modulação artificial e irreal –, e o espaço desse desajuste é aquele ocupado pelo trágico a que está condenado o homem público. A tragédia configura uma situação que está em si estigmatizada: porta o germe do trágico enquanto invencível, quer como fato, quer como razão, imprevisível, insuperável, assustador, temível; ela, ao mesmo tempo que desafia, transcende a possibilidade humana: abre-se, como sacrificial, o espaço para a grandeza da ação humana, que espelha uma pretensão de poder da arrogância humana, que se pensa com potência quase que divina. Daí poder dizer-se que é da natureza intrínseca do agente político a marca da tragédia como contrapartida da grandeza desse encargo público, que é impessoal, anônimo e geral, e da disfuncionalidade, impropriedade e inadequação do como atendê-la.

A tragédia está em que o incumbente jamais poderá atender a amplitude da incumbência social, que o coloca em constante estado de inadimplência; o que, paradoxalmente, se constitui na atestação de sua relevância; a "catarse" imposta pelo sacrifício processado no altar cívico da "Ágora" se dá também como registro de sua própria grandeza; que, simultaneamente, espelha, em profunda tensão dialética, o significado do ato reverencial da "pólis", somente tributável aos seus maiores. Em contrário, se estaria no plano da racionalidade, ao que o terreno não se mostra nada propício, temendo-se, mesmo, a advertência de Goya de que "o sono da razão engendra monstros" (Barelli; Pennacchietti, 2001). A proteção e o consolo que se lhe oferece é o do isolamento estratégico na busca de uma firme autoconsciência que lhe balize a consistência da ação; e essa consciência será sempre o derradeiro anteparo à estabilidade psíquica da personalidade real, afirmativa de sua individualidade. Daí, por certo, a solidão do poder. O divã do Estadista.

31.

Não bastasse ser a realidade ambígua e ambivalente, sem oxigênio para os dogmatismos, na esculturação do poder no processo político de construção social, o homem – natureza que se supera –, sempre inacabado, agrega o farol da utopia que, necessariamente, permeia a ideia como expressão do poder, cuja decodificação se põe como um dos mais complexos desafios à inteligência humana. Aí a política assume a centralidade da cena e desenvolve, no nível mais elevado, a notável missão, como questão de princípio, de promover, em sua plenitude, a condução e o exercício do poder por sobre a nervura do real (Chauí, 1999), na busca da concretude da ideia hegemônica que o tipifica. O espetáculo se engrandece na exata medida em que se recrudescem as dificuldades da ação política, na exaustão dos ciclos, em que o pôr do sol de uma supremacia é sucedido por um amanhecer de nova hegemonia, e a peça que assoma ao palco tem novo enredo e, por vezes, articulada por novos atores e em cenário diverso.

32.

Os valores culturais, de per si, não se sobrepõem aos instintos e sentimentos inscritos na matriz da natureza humana. Nela está o interesse pessoal que é determinado pela necessidade existencial. Não há valores que se lhe possa barrar. Resta a articulação desses interesses individuais, pela via da ação política, de modo a coordená-los no fito de uma convergência identificável como o interesse geral, ou, pelo menos, da maioria; e isso se faz possível porque no radical da carga instintual da natureza humana está o interesse (*inter esse*), que, pressupondo o "ser", portanto, um em si, significa, simultaneamente, o "estar entre", o "ser útil", o ser apto à relação; já seminalmente dimensionando a individualidade e a alteridade, onde repousam os "genes" do individual, do social e do político, ou seja, do "senso moral" e do "senso social" (Charles Darwin) como aptidões inatas.

A partir desse radical, a ação civilizatória é obra da cultura. A inclinação natural se dá na direção dos instintos e sentimentos que modelam a individualidade; a sociabilidade não é obra prioritária deles e isso porque no homem o instinto de conservação tem mais força que os "instintos sociais" (Darwin, 1974); constitui-se, no entanto, em construção pacienciosa da cultura como ato civilizatório, com igual respaldo na institualidade humana. Põe-se aqui, de certa forma, o dilema entre liberdade e necessidade. Entre ambas se estabelece uma relação dialética que se processa tendo como epicentro a vontade que abriga um ato de potência. A necessidade tanto limita quanto incita; a liberdade tanto liberta quanto conforma; a vontade, como ato de consciência, faz do agente o árbitro da ação, e da atuação. Ser livre será sempre um ato de vontade de poder que se expressa num ato de responsabilidade ao preço de ganhos e perdas. Persiste sempre no ato de liberdade um desafio ao estado de necessidade; não há liberdade impune, nem necessidade sem sujeição. A solução dessa equação se faz determinante da configuração das relações pessoais e coletivas e dá conta sempre da qualidade da ação política na construção do sistema político-social.

33.

Vem à baila aqui, por pertinente, o tema do corporativismo. Comete ele um desvio de finalidade ao metamorfosear um coletivo, através da noção de categoria, numa unidade individualizada, sob o mantra do espírito de corpo; o de que padece é de disfuncionalidade social ao prefigurar suposta totalidade quando, em realidade, consolida uma particularidade egoísta. O espírito de corpo, base do corporativismo, se faz um retrocesso civilizatório. O corporativismo anestesia e a política desperta e molda o interesse geral, que é o de todos, e, por isso, de ninguém. Tanto assim que nos espaços humanos em que são fragilizados os valores – fundamento da civilização –, os instintos e sentimentos primevos e primários são resgatados com o restabelecimento da violência, do crime e da banalização da vida humana em verdadeira "guerra de todos contra todos", em que se reafirma que "o homem é o lobo do homem" (Hobbes), com o devido perdão de Rousseau. O que leva à inafastável conclusão de que o potencial institual do ser humano o capacita ao processo civilizatório pela via da elaboração de valores como obra exclusiva e significativa da cultura.

34.

A natureza humana é como o caniço: enverga mas não quebra. O que se quer significar com essa metáfora é a consistência das características próprias da condição humana natural. Pascal, de quem se tomou o emprego do termo (caniço), o fez considerando o homem na sua dimensão psicossomática, com destaque especial ao aspecto moral. (1984 – Fragmentos 347, 348, p; 123 e 124). Aqui vale-se, restritamente, da riqueza polissêmica da palavra. Já, por seu turno, os atributos civilizatórios, são construções da cultura, baseados em valores, historicamente variáveis, com os quais se há de tratar das possibilidades da convivência social.

A consolidação do humano converge na coexistência do natural e do social no homem; a conveniência (interesse) e a necessidade da vida de relação constitui o amálgama que faz do ser humano simultaneamente um ser natural, social e político. Pertinente a observação de Locke:

> O que faz a comunidade e tira os homens do estado vago de natureza para a sociedade política é o acordo que cada um tem com os demais para se incorporar e agir como um corpo e assim constituir uma comunidade distinta. A maneira usual e quase única de dissolver-se essa união consiste na invasão de força estranha, que a venha conquistar; porque neste caso, não sendo capaz de manter-se e sustentar-se como corpo inteiro e independente, a união que lhe cabia e o formava tem necessariamente de cessar, e assim cada um volta ao estado em que se encontrava antes, com a liberdade de agir por conta própria e prover à própria liberdade, conforme achar conveniente, em qualquer outra sociedade (1983, p. 118).

35.

O impulso do ser humano se processa no sentido da "opressão para a liberdade" e isso já está no seu DNA quando é arremetido do útero para a contingência do mundo. O ser livre e o viver sempre em tensão para alcançá-lo está no radical de sua naturalidade. Nesse ponto, põe-se a política. É do homem a capacidade política e ele a exerce na formatação do contrato social, com a determinação do interesse geral, mediada pela confiança que consolida a coesão social. Como todo o contrato, rescindível "ad nutum". A sociabilidade, por sua vez, se processa na arena em que se perfazem as tratativas, com as instabilidades e incertezas que são próprias à sua específica natureza. O estado de relação como necessidade existencial insuperável da natureza política impõe ao homem o compartilhamento da vida social, em ação civilizadora de seus instintos primevos. O "gene" natural, que se expressa no individualismo com as características que o tipificam, e o "gene" político, que se lhe impõe como necessidade existencial de vida social participativa, se propõem, em processo dialético, em que a tese – as características próprias da individualidade –, e a antítese – imperativo do necessitarismo social –, opostas em situação de contrariedade, – ambas afirmativas falsas, por conterem verdades parciais –, são projetadas para um nível mais elevado em que se conciliam "guardadas e superadas" na constituição de uma "síntese"; em que o individual com as digitais da naturalidade humana se compõe e se recompõe na sociabilidade do ser político como expressão do marco civilizatório.

36.

O ser social se constitui e se expressa como ato político. Como contribuição da cultura, a política atua na sustentação da liberdade, que, sendo comum a todos os homens, expressa-se como interesse geral. A ação não se dá no singular, é exercida no plural, isto é, em favor da pluralidade, ou seja, de todos. A ação, que é sempre relação, pressupõe a cultura como ato civilizatório; e a civilização se faz por atos e palavras. A liberdade, por seu turno, se faz uma essencialidade da política e uma condição da democracia; e a política, por seu turno, se constitui quando o ato se pluraliza na relação com a "pólis", com o outro, com o coletivo que gera o social; essa pluralização do ato que o faz político compõe o seu radical com pensamento e ação; a ênfase aqui está na ação, inerente à relação, como concreção da ideia e impulso da atuação, ou, mais precisamente, como potencialização de uma vontade de poder; de tal modo que na genética da política se abrigam os genes da ideia, da ação e do poder em tensão sistemática; a natureza constitutiva do ato político põe em combinação simbiótica ideia, vontade e ação no fito da atuação onde a alteridade se perfectibiliza na construção do interesse que também é do outro, que é do todo. A política, sem uma "vontade de poder", restringir-se-ia a uma literatura de temática social ou mera reflexão sociológica.

37.

Em realidade, o homem se pensa um Deus, o de que, no entanto, se esquece é da temporalidade da condição suposta. Talvez, nesse desatino, sugestionado em sua vaidade pela mensagem bíblica de que o homem foi feito à imagem e semelhança de Deus (Gênesis 1, 26), mesmo que com isso afronte a hermenêutica divina, tende a considerar-se com poderes transcendentes. Esse pretenso poder está envolto em um pensamento mágico ligado à grandeza da pretensão política que apresenta como seu objeto o interesse comum do todo. A percepção intelectiva para alcançar esse afinamento faz do procedimento que se propõe essencialmente racional uma operação que, rompendo os limites da razão, instaura uma fenomenologia mágica, misto de intuição, afetos, emoções e sentimentos convertidos em substrato da razão, no empenho de dar conta desse relevante desafio humano e político. No entanto, mesmo encoberto e protegido pelos méritos do encargo, sobeja o que constitui a expressão e a força do que é próprio de sua natureza: a sua megalomania, seu egocentrismo, o seu espírito de domínio. Freud revela que:

> Se aceitamos o referido curso das concepções do mundo na história humana, em que a fase *animista* é sucedida pela *religiosa* e esta pela *científica*, não nos será difícil acompanhar as vicissitudes da "onipotência dos pensamentos" através desses estágios. Na fase animista o ho-

mem atribui a si mesmo a onipotência; na religiosa, ele a cede aos deuses, mas não a abandona seriamente, pois reserva-se a faculdade de influir sobre os deuses de maneiras diversas. Na concepção cientifica do mundo não há mais lugar para a onipotência do homem, ele reconhece a própria pequenez e submete-se resignadamente à morte e às outras necessidades naturais. Mas a confiança no poder do espírito humano, a contar com as leis da realidade, retém algo da primitiva fé na onipotência (2012, p. 139-140).

No aplacamento da sensação de deidade de que padece, cabe à ação civilizatória o empuxo de realidade.

38.

O movimento cíclico de poder, violência, domínio e destruição estabelece a dinâmica da vida humana em sociedade e a sua sucessividade temporal, cujo desfecho é sempre aleatório no sentido da supremacia ou da própria destruição.

> Mas não há justiça na história. A maioria das culturas do passado, mais cedo ou mais tarde, acabou se tornando vítima dos exércitos de algum império implacável, que os relegou ao esquecimento. Os impérios também acabam sucumbindo, mas tendem a deixar para traz legados ricos e duradouros. [...] Construir e manter um império normalmente exigia o massacre cruel de grandes populações e a opressão brutal de todos os que sobravam. O

kit padrão de ferramentas imperiais incluía guerras, escravidão, deportação e genocídio (Harari, 2015, p. 197-201).

A tragédia de sua transitoriedade impõe ao homem o apegamento, de forma especialmente intensa, às suas necessidades materiais imediatas e essenciais, cujo desprezo, em seus extremos, pode romper o equilíbrio social; isso polariza um consistente interesse individual defensivo, infenso às concessões em favor do interesse coletivo, limitando-se, quanto a este, à simples articulação formal. O interesse geral, no plano conceitual, se propõe, como síntese, alcançar a compatibilização, com base em valores, dos interesses individuais. A luta consiste na ação do interesse individual de se travestir em interesse geral ou nele buscar predominância, rompendo o equilíbrio que aquele se impõe, baseado na equidade, para se estabelecer como tal. No entanto, a "catarse" do individual pode levar à determinação do interesse geral, como ação da cultura em interferência civilizatória. A investida do interesse individual contra o interesse geral se dá mais eficazmente na ordem civilizada do que no mundo natural, uma vez que naquela a violência é dissimulada e pode ser justificada, a vários títulos, como concorrência ou disputa legal; neste (mundo natural) é sempre pela força física de consequências brutais, imediatas e inegociáveis; a lei do mais forte, por paradoxal que possa parecer, passa a ser mais intensa e organizada na legalidade do que na anomia, além de ser menos onerosa e as conquistas mais consistentes e a menores riscos; concomitantemente, resta assegurado, por certo, até no limite, o potencial de avanço da ação civilizatória, ao se ter delimitado e regrado o espaço – físico e legal – do conflito, em oposição à anomia do espaço natural. Ocorre que a redução de espaço que facilita a ação civilizatória, paradoxalmente, oportuniza ao oponente dela, no sistema de legalidade, possibilidades de obtenção de vantagens decorrentes do exercício de poder real; o risco aqui está em que tais conquistas possam ascender à categoria de norma.

A naturalidade do mais forte não cessa no estado de direito, que, de forma candente, se expressa pela manipulação no exercício dos mecanismos legais; é que na natureza democrática da norma não está a asfixia das vontades e ações dos súditos; o de que se ocupa é, isto sim, o de assegurar o exercício daquelas, delimitadas, apenas, pelas demarcações da legalidade, na expressão do interesse público; do que resulta um espaço de liberdade que respeita a relação em seu estado de realidade natural. É o espaço propício ao predomínio do mais forte. E isso se dá porque a lei não está imune às articulações e às deformações determinadas pelos interesses privados, a despeito do poder hegemônico que a instituiu em nome do interesse geral. Pode parecer que a afirmação contenha uma contradição interna, uma vez que a lei é imposta pelo poder social hegemônico; o que, em realidade, se verifica é um processo dialético do poder-direito do titular enquanto indivíduo e enquanto cidadão.

Ocorre que o poder hegemônico apresenta um anverso e um reverso, estando naquele representado o que se entende por interesse público (coletivo), ou, pelo menos, da maioria; enquanto neste (reverso) os elementos também nuclearizam aquele (anverso), ou seja, interesses individuais, privados, que, ao comporem o interesse coletivo, não perdem a sua natureza privada, nem abdicam dessa condição, articuláveis, como tais, na competição social; aqui atuam no âmbito da aplicação da lei e lá na feitura dela; e nessa dupla função é que podem afrontar o interesse coletivo, público, que ajudaram a constituir; ou seja, na condição de cidadãos, em nome do corpo social, instituem e afirmam o que se deve entender por interesse público, e, simultaneamente, como indivíduos articulam o interesse privado até mesmo em confronto com o interesse coletivo hegemônico e expresso na lei. Cabe à política o encargo dessa regeneração. A mudança que se dá é tão somente no método de ação, não na pretensão de predomínio do poder do mais forte. De qualquer sorte, é o embretamento gradual dos instintos na senda que leva à civilização.

39.

A ocorrência de ciclos e de estágios civilizatórios decorre de uma visualização histórica que identifica avanços e retrocessos, em que se sucedem a regra civilizatória de conduta e a anomia; onde se pode identificar o progresso evolutivo da sociedade humana, conforme a observação iluminista, concretizado, porém, em movimentos de ganhos e perdas; superada, por certo, pelo que a história demonstra, a ilusão de ascensão evolutiva ininterrupta. O poder tem na sua maximização a sua *vis attractiva*, quer na condição individual, quer como ideia hegemônica no plano coletivo, vocacionado à sua própria completude, que sempre busca a se perfazer em ciclos, naquele, na própria duração da vida humana e, neste, enquanto persistente a energia (força) hegemônica; o poder tem o seu próprio ciclo vital: dos indivíduos aos Impérios.

Os enfrentamentos decorrentes do poder, embora temporariamente aplacados, persistem em latência pela continuidade das tensões, para, em maximização cíclica, à semelhança "[...] da energia de placas tectônicas" (Serva, 2018), aflorarem em conflito explícito (guerras, revoluções, massacres, etc.); a natureza material e física, como a condição humana, empenha-se sempre na afirmação de suas essencialidades naturais, ou seja, de tudo aquilo que não resulte da ação civilizatória. Tanto que desaparecida ou minimizada esta, instala-se, em ambas, um processo recidivo; aqui, portanto, a constância é a luta; o confronto se naturaliza como percurso na existência material e humana. Nesse conflito não há consolidação definitiva; a organização democrática da sociedade deve se dar nesse contexto de realidade onde os riscos à sua instalação e sobrevivência estão constantemente presentes de modo a indicar que a concretização ou implementação dela, como as da liberdade, se configuram como um *dever-ser*; daí a temporalidade das condições do contrato social, mutáveis no curso da vida social, e até mesmo o risco a que se expõe o próprio contrato sempre que desidratada a sedimentação da anuência como ato volitivo da consciência, o que indispensável à constituição, persistência e eficácia do pacto social; não menos relevante, nesse passo, a ameaça ao substrato econômico da democracia, cuja desigualdade se constitui num poderoso estopim de implosão da estabilidade política e social, o que significa dizer do próprio contrato social; ocorre que a sociedade quanto mais culturalmente desenvolvida, nomeadamente em suas dimensões científica e técnica, mais requintadas serão nela as manifestações da instintualidade humana; os exemplos sobejam: primeira e segunda guerras mundiais, campos de concentração e extermínio, explosão atômica em Hiroshima e Nagasaki (Japão), ações genocidas de armênios, no Camboja e em Ruanda; atentado terrorista ao jornal *Charlie Hebdo*, atentado às Torres Gêmeas nos EUA, etc., e isso para ficar somente na vizinhança dos tempos.

As instrumentalidades geradas pela civilização padecem de uma preocupante ambivalência: produzem a qualificação da ação humana através de valores que tornam viável a sociedade política, ao mesmo tempo que capacitam os instintos primitivos da natureza humana à elevada eficácia destrutiva; essa bipolaridade, em sua operação dialética, é puro desafio, humano, por certo. É de lembrar-se aqui, por pertinente, a ponderação do historiador Voltaire Schilling:

> O Massacre da população judaica foi um crime de dimensões desconhecidas na história moderna. Uma das mais espantosas constatações foi o fato de ele ter sido perpetrado pelos alemães, povo tido até então como colocado no ápice da civilização e que alimentou gênios como Goethe, Schiller, Kant, Hegel, Schopenhauer, Nietzsche, Haydin, Beethoven, Wagner, etc. Não se tratou, portanto, de um povo de cavernículas vivendo ainda circundado pelo bestialismo temperado por assassinatos em massa. Até hoje os estudiosos não deram uma resposta definitiva que satisfaça a estupefação causada em grande parte do mundo quando, entre 1944-45 os primeiros campos de concentração foram encontrados e os sobreviventes liberados. Esse enorme enigma ainda paira sobre a humanidade (2019, p. 92).

40.

Na ideia hegemônica há um artifício que promana de sua própria polissemia; consiste naquilo que não está transparente, mas que persiste nela sombreado por energia apta a indicar uma tendência que faz sentido perceptível como se fora uma clara determinação. Não há palavra, nem ação, nem gesto, tenciona-se por si própria projetando significações, acalentada, se assim pode ser dito, num "clima" psicológico, num estado de espírito gerado pela força dela própria. Há uma linguagem não verbal no poder, com alcance mais próximo da intuição; algo como: o que não é dito, mas é significado. E isso é captado e reproduzido pelos súditos. A intuição do súdito sobre a possibilidade de que o emprego da violência (força), pelo agente do poder, possa ser priorizada, supostamente em defesa da segurança social, no combate a condutas consideradas ilícitas, é prontamente recepcionada como prescrição normativa potencial motivadora de ajustamentos prévios de condutas, embora ainda não consubstanciada em qualquer instrumentalização legal. É um dístico do poder.

Dá-se aqui o que *lato sensu* pode ser significado como área de desdobramento do poder, sobre a qual simbolicamente o seu alcance se vê ampliado.

41.

Outro dilema pode ser identificado em relação à democracia e ao poder. A democracia é o regime de regras; a vontade coletiva hegemônica, uma vontade de poder; forma e conteúdo que interagem; a democracia pode submeter o poder aos limites por ela impostos; a ideia hegemônica, como poder, pode romper e descaracterizar a estrutura democrática. Essa polarização, que envolve o destino da democracia, com a possibilidade de morte dela, determinará o nível civilizatório alcançado.

Deve-se ter presente, neste ponto, que o sistema democrático se constitui numa sofisticada arquitetura de organização e disciplina do exercício do poder, como qualificado ato civilizatório, cuja sustentabilidade repousa tanto nas regras quanto em valores culturais acolhidos e praticados pela própria sociedade.

A intensidade do domínio que tensiona a natureza humana fragiliza a sua aptidão à alteridade de uma maneira tal a oferecer resistência a uma ordem democrática de organização da sociedade. Nesse passo, será sempre decisiva a eficácia da ação cultural. O termômetro da democracia está posto na limitação da liberdade do indivíduo e do poder do Estado. Quando o "mercúrio" da escala aponta para a autonomia individual, a liberdade se estabelece e a democracia se fortalece; quando, ao contrário, o discricionarismo de Estado se impõe, a liberdade se retrai e a democracia padece. Tais oscilações determinarão a efetividade dela.

42.

Caberá sempre à narrativa histórica o registro dos movimentos cíclicos e dos estágios civilizatórios, com seus sucessos e insucessos, como súmula da crônica milenar da aventura humana. Ambos, como categorias próprias, por certo que facilitarão a compreensão da dinâmica social, resgatando a significação do movimento do real e do processo dialético, na busca de uma lúcida explicitação da verdade da natureza individual, social e política do ser humano. A aventura humana é constituída fundamentalmente de riscos que a tornam sempre instável e insegura. O que a define é o seu fazer-se, no prosaísmo fático do acontecer. Dessa noção não pode a política prescindir. No "divã" da ciência política, há que se desvendar, previamente, a natureza humana sob pena de incorrer aquela em sérios desvios e desatinos, o que fartamente se tem repetido ao longo da história.

A política demanda, para sua eficácia, um real conhecimento da natureza humana. Maquiavel e Thomas Hobbes focaram aspectos relevantes do ser humano. Rousseau empalideceu a correta compreensão ao sustentar a bondade dele em estado de natureza (o bom selvagem). Freud, por seu turno, explicitou a ambivalência das potencialidades do homem tanto para o bem quanto para o mal. A mensagem cristã, como ação civilizatória, faz a apologia das faculdades humanas positivas direcionadas à consagração e consolidação dos princípios nela contidos, em busca da sociedade fundada na solidariedade, no amor e na justiça; com tal intensidade que obscurece a dimensão instintual e regressiva também ínsita à natureza humana. A despeito da grandeza do valor da ideia cristã, o esmaecimento dessa realidade faz com que seja minimizado esse lado obscuro do homem, dificultando, como se pode observar, ao longo do tempo, a compreensão e decodificação da ocorrência de fatos que importam em verdadeiros abalos sísmicos assemelhados ao que, por analogia, se poderia chamar de ações das "forças tectônicas" humanas.

Pertinente a observação de Freud: "Acredito que a santidade que atribuímos às prescrições do Decálogo amorteceu nossos sentidos para a percepção da realidade. Mal ousamos constatar que a maior parte da humanidade ignora a observância do quarto mandamento" (2019, p. 296). Trata-se, por certo, de priorizar o bem no fito de evitar o mal; daí as mensagens religiosas integrarem, pela via da cultura, e com expressão relevante, o processo civilizacional. Nessa mesma perspectiva e projeção histórica, se há de prestar especial tributo à mensagem cultural do iluminismo, por se constituir num dos mais qualificados atos civilizatórios, com a consagração de uma ética laica e humanista, aprofundando as marcas diferenciais das Teocracias Islâmicas. Curiosamente, o oposto se verifica com relação à obra de Maquiavel, que, de tal forma ocupado com os defeitos humanos, negligenciou no destaque das virtudes, passando a falsa ideia de não as reconhecer.

43.

O fechamento de cada ciclo do poder vem acompanhado de uma ambivalência – própria à dinâmica social – consistente em que o término é ao mesmo tempo um começo; como já assinalado, o poder não admite vazio. A pretensão à perenidade, à eternidade põe sempre a questão da permanência, na memória histórica, como reconhecimento memorável da força da ideia em que se abriga o poder. É a forma de sua própria reprodução já então avantajada pela sacralidade mítica e mística da narrativa histórica. Vê-se o quanto de vizinhança resta entre política e religião.

44.

Como tema correlato e na linha do que até aqui se tem ponderado, não deve ser esquecido que a desigualdade diz com a natureza, enquanto a igualdade com a cultura; aquela está na constituição de cada ser humano que é sempre único e irredutível; com digital própria e exclusiva; esta, em princípios que se expressam em valores. Tanto assim que, com conteúdo (hierárquico, mandamental, despótico, repressivo, disciplinador, expansivo, generalizador e uno) que lhe está afeto, e no qual se amparam a supremacia e o domínio, o poder carrega consigo a desigualdade com aptidão potencial e concreta, o que somente pode ser barrado e redimensionado pelo asseguramento da relação de igualdade pelo estado de direito, como regra civilizatória; uma vez que a igualdade pressupõe sempre uma relação, ou mais precisamente, um determinado tipo de relação, e nela se concretiza como uma conquista do cidadão (Bobbio), *in verbis*, explicita: "a igualdade é pura e simplesmente um tipo de relação formal, que pode ser preenchida pelos mais diversos conteúdos" (1996, p. 12).

A igualdade se propõe, portanto, como uma pretensão articulada pela cultura, via de regra, como objeto do pacto social e de legitimação da liberdade humana como valor fundamental; a ordem social, como ato civilizatório, alcança a sua organicidade e disciplina na eficácia decorrente da observância de suas regras institucionais, que se constituem, quem sabe, na única maneira viável de induzir a convergência dos instintos e sentimentos primevos da natureza humana na prefiguração do interesse coletivo, na consolidação de uma sociedade civilizada; visto que tal como se dá com a natureza física, a humana se empenha no predomínio do seu individualismo instintual, em detrimento do coletivo. Presente, aqui, a ideia básica de que a civilização é obra da cultura, que, no entanto, somente pode ser alcançada pelo necessário respaldo, de forma mediata, das aptidões inatas à natureza humana, nomeadamente do "senso moral" e do "senso social", e, conjugadamente, de forma imediata, pela ação de valores culturais.

45.

De certa forma, na dicotomia público/privado está inoculada uma deferência às extrapolações provenientes de nosso estado de natureza, protegidas pela privacidade nos regramentos e modelagens do estatuto civilizado. Quem sabe, até determinado limite, a proteção se estende à nossa irracionalidade, ao aleatório, ao sem limite. Invoca-se, no particular, o ensinamento legado pela mitologia grega. Em resposta à derrota imposta por Zeus aos Gigantes, Gaia criou Tífon, que, também vencido pelos deuses, deixou pegadas no cosmos plenas de simbólicas significações, cumprindo-se, com isso, o propósito de Gaia; nomeadamente: a integração canalizada e controlada de elementos caóticos na ordem cósmica; resquícios de caos como provocador de transformações; indução à aliança de cosmos e caos na busca do equilíbrio e do movimento; ameaça ao cosmos harmonioso dos deuses; o poder como expressão do exercício da inteligência no direcionamento esclarecido da força (Ferry, 2009). Uma concessão à contingência em tributo à liberdade.

46.

A mobilidade do poder, a propensão natural ao superlativo, a tendência à progressão constante ao seu próprio termo (fim), a capacidade de acionar e desencadear os instintos e os demais sentimentos humanos negativos e positivos, a personalidade do agente, esses elementos todos considerados dão ao poder um grau elevado de imprevisibilidade. Afigura-se, sempre, como algo em construção. Em estado de natureza a supremacia, o empoderamento e o domínio provêm de um estado de arbítrio com todo o potencial de coerção e violência (força), cujo manejo está posto, exclusivamente, na vontade do agente. É a subjetivação do arbítrio como expressão lapidar do autoritarismo. A pessoalização no agente, por certo, mascara a vontade de domínio despótico, afeta por natureza ao próprio poder como ideia hegemônica. Em estado civilizado, o consentimento, a temporalidade, a lista de direitos e obrigações baseada na impessoalidade e generalidade e o monopólio da força (violência) pelo corpo social expressam limitações ao arbítrio. Em quaisquer dos estados, é sempre tênue e tensa a linha limítrofe com o abuso do poder; essa demarcação deve ficar sempre aviventada como instrumento de controle do próprio poder, como dado sociológico e, também, do seu agente. A sinergia é tal entre eles que um é instrumentalizado pelo outro; o que ocorre é que tanto o poder, como expressão e com a força de uma categoria sociológica, pode conduzir e impulsionar a sua própria efetividade pela via do agente quanto este consolidar a eficácia do poder no qual está investido e, até mesmo, ampliá-la.

É da própria natureza do poder gerar a sua suficiência e o seu excesso; ou seja, rejeitar sempre o que se lhe pode antepor como limite; o sucesso nessa missão consistirá sempre numa medida de detenção cuja tensão aponta sempre para uma potencial ruptura dos grilhões que o acorrentam, cujo escopo não é a busca da liberdade, senão que da dominação movida pela "vontade de poder". Ontologicamente o poder como fato sociológico-político não tem limitação; é da ontologia dele ser ilimitado, radicado na faticidade existencial com uma constituição orgânica de ideias com significados e operando com energia significante, expressão que é da vontade coletiva, sob o mantra do instinto de dominação.

47.

Parece persistir uma lógica dialética entre destruição e construção. Em toda a construção há sempre uma prévia destruição. Tânatos precederia a Eros. A ação destrutiva no ser humano é sempre um ato de autoafirmação do poder que ostenta. É sequencial à razia do inimigo seguir-se o empenho do vencedor na recomposição do que fora objeto de destruição, que persiste apenas como memória e expressão do poder. O destruir e o construir só ganham sentido na justificativa do discurso. É na razão do ato que o exercício do poder alcança a sua completa satisfação, mais no ser reconhecido do que na ação em si, perfazendo-se, em consequência, o poder em sua plenitude. A força e consistência da justificativa, como recurso da ideia, amplifica a dimensão do poder nela contido. À semelhança do que ocorre no campo da arte, nomeadamente com a escultura, a desconstrução dos materiais resulta no objeto esculpido. Como já consabido, é a arte a imitar a vida. Como atestam as duas grandes guerras mundiais que traumatizaram o século XX, os vencedores, ambivalentemente, ou absorvem os vencidos, internalizando-os, ou bancam o resgate do *status quo ante*, numa majestade de ato só equiparável a potestade divina de que, em derradeiro, se consideram portadores. Decorre daí a observação de que a força do poder é de tal intensidade que não se peja de instrumentalizar a vida humana, sacrificando-a, em nome do objetivo a que se propõe; ao ponto da insensibilidade ética, de que a guerra se constitui em substancioso exemplo: o sacrifício de milhares de vidas humanas para o só objetivo de impor o domínio, motivado por interesses próprios do poder; para, em sequência, e em nome daquilo que sacrifica (vidas humanas), empenhar-se em salvá-las, em ações de socorro científico sanitário e humanitário.

Para tanto, move as premissas de modo que, em ambas as situações, manifestamente contraditórias, possa invocar, como ato de suposta coerência, a aplicação dos mesmos princípios; malgrado o sofisma em que incorre. Os valores são assim manipulados em nome de interesses de domínio inerentes ao poder. É de lembrar Walter Benjamin (Sobre o conceito da História, VII):

Como em toda a história passada, quem quer que surja como vitorioso participa daquele triunfo com que os governantes de hoje marcham sobre os corpos prostrados de suas vítimas. [...] Esses despojos são geralmente chamados de herança cultural [...] Nunca houve um documento da cultura que não fosse, ao mesmo tempo, um documento da barbárie (Jameson, 1992, p. 291).

Nesse mesmo sentido, a ponderação de Karl Jaspers:

A história da política nos amedronta; mostra os homens como demônios. Desde os primórdios se manifesta o instinto de dominar, tiranizar, matar, perseguir, torturar. Ocorre, por vezes, que esse instinto se recolha ou pareça domado. Mas é ilusão.
[...] Espanta ver como o homem é violento e obtuso: é surpreendente que os homens tenham chegado a coisa diferente de simples hordas de bandidos. E, contudo, vieram a criar ordens políticas, Estados de direito, comunidades de cidadãos. Para que isso tenha sido possível, hão de ter agido poderosas forças de outra origem.
As sociedades humanas jamais triunfam dos instintos de violência. Consequentemente, são sempre injustas e devem aprimorar-se constantemente. [...] Os homens nada fazem perfeito. Como diz Kant com indulgência: "em madeira torta não se pode esculpir algo que seja inteiramente reto".
Da luta entre o caos da existência e os princípios de ordem nasce a História (2011, p. 67).

Aqui as dicções de Benjamin, de Karl Jaspers e do próprio Kant dialogam entre si, na medida da identificação comum dos defeitos e mazelas humanas, e, especialmente, de seu potencial destrutivo, como desafio à ação civilizatória. Nesse passo, chega-se, facilmente, a uma cosmovisão da amplitude da tarefa civilizatória, a cargo da cultura, na busca de fazer viável a vida societária. De qualquer sorte, resta evidente que somente a domesticação dos instintos, através da cultura, se oferece como a única senda para a construção do humanismo em todos os diferentes aspectos da vida.

48.

O poder se engalana com o que se pode denominar de uma aura que é a sua dimensão simbólica; sua energia significante; daí lhe ser o despojamento incompatível com a pluralidade de suas dimensões; a propensão ao ilimitado o faz uma fonte seminal de significações onde se abrigam o medo, a coragem e o sacrifício. Essa aura do poder é multifacetada ao ponto de se constituir numa força atrativa de desejos, pretensões, sonhos e de interesses os mais variados, imaginativamente potencializados à realização, com a aptidão de despertar e atrair a cupidez humana, com efeitos inteiramente desafiadores à política, o que pode ser identificado até mesmo na instância do sono; a sensação humana trazida pelo mecanismo do sonho de superar o espaço e o tempo enseja a ilusória possibilidade de perfilar um novo Leviatã, com o resgate da cena mitológica, como metáfora, da potestade dos deuses do Olimpo. O que se passa nesse plano da abstração é sintônico com o que se dá na dimensão da concretude existencial quando se considera a confissão consubstanciada em depoimento judicial, recentemente feita (maio/junho de 2018), por um notório réu na operação Lava-Jato (Sergio Cabral). Diz o então indiciado – e já condenado em outros processos da mesma natureza: "Eu não soube me conter diante de tanto poder e tanta força política" (*Folha de São Paulo*, 9/6/2018). Em novo depoimento acrescentou: "Esse meu erro de postura, de apego a poder, dinheiro, a tudo isso [...] é um vício" (*Folha de São Paulo*, 27/2/2019).

Na ausência de limite, a imaginação e o desejo despertam em cada ser humano, quer em estado de sono, quer, sob a crueza fática, a volúpia de ser onipotente, numa impulsão natural ao arbítrio em estado larval. Atenta e certeira a observação de Locke:

> Quem pensa que o poder absoluto purifica o sangue do homem e corrige a baixeza da natureza humana precisa ler a história desta ou daquela época para se convencer do contrário. Aquele que fosse insolente e injurioso nas florestas da América não seria muito melhor sentado em um trono, no qual talvez se descubram saber e religião para justificar tudo quanto faça aos súditos, silenciando a espada, de fato, todos quantos ousem pô-lo em dúvida (1983, p. 69).

49.

A ideia hegemônica é impessoal. Na política como na religião, ela ganha uma expressão sacramental, cuja crença provoca um efeito catártico no crente. A ideia assim afirmada, como já referido, é em si e para si como conteúdo do poder. As potencialidades dela são presumidas, e, portanto, são tidas como potencialmente realizáveis. Isso ocorre porque, como "vontade de potência", ela já é em si realização ao se impor como força hegemônica. A completude dela, portanto, se perfaz como poder, como ideia hegemônica acionada pela "vontade de potência". Os desdobramentos que provoca se situam fora dela, numa outra dimensão de consequências. É o que se pode constatar, paradoxalmente, com relação ao amor: tanto na política como na religião, o amor é à ideia, e não aos destinatários dela. Assim, quando se declara o "amor à humanidade", por certo que não é ao ser humano individualmente considerado, mas, sim, a uma ideia que os pode contemplar, permeada de valores, como solidariedade, justiça, igualdade e misericórdia; o de que se trata é de um amor abstrato e "sem cara", mediado, um amor com natureza política ou religiosa, em que inexiste o vínculo humano da pessoalidade. É de um amor racional, se de um tal paradoxo pode emanar algum sentido. Tal ocorre, por certo, em razão da existência de um espaço de mediação no manejo da ação política e da ação religiosa que é necessariamente preenchido, em grau considerável, pela racionalidade, o que opera o deslocamento do eixo da relação de amor para esse outro tão *sui generis*. Pertinente aqui a observação de Aristóteles, "[...] assim como não se pode amar muitas pessoas ao mesmo tempo (pois o amor é, de certo modo, um excesso de sentimento e está na sua natureza dirigir-se a uma pessoa só" (1984, p. 184-185).

50.

O movimento do real opera em constante transformação através de um processo dialético de atuação continuada; a superação sistêmica das contingências e faticidades aponta no sentido da construção da liberdade; obra insubstituível da cultura em missão civilizatória; ou, dito de outra forma, a natureza se supera na cultura e esta se estrutura naquela de uma maneira tal que, embora matizadas por substâncias compatíveis, e com interlocução necessária, guardam características próprias que as peculiarizam; nesse passo, talvez se possa afirmar que a aptidão à moralidade é um impulso (talento) inato à natureza humana, cuja ontologia a torna inseparável de sua teleologia e de sua deontologia, ou seja, de sua finalidade e da sua natureza normativa; no que lhe socorre o conceito de "conatus" enquanto ímpeto natural (Aristóteles); ou enquanto "determinação ontológica geral" como empenho de cada coisa, em sendo, perseverar naquilo que é, como afirmação de sua essência (Espinosa); na dimensão do imperativo homeostático – inato – que importa "em cada organismo vivo" em "persistir e prevalecer" como potência inspiradora de normas de conduta (Antonio Damásio); no entanto, a matéria de que se ocupa lhe é externa, à qual oferece a plasticidade necessária para a recepção dos mais diversos conteúdos que a variabilidade do meio e do tempo, ou seja, da realidade situacional, lhe pode emprestar; nesse passo novamente Aristóteles, "Não é, pois, por natureza, nem contrariando a natureza que as virtudes se geram em nós. Diga-se, antes, que somos adaptados por natureza a recebê-las e nos tornamos perfeitos pelo hábito" (1984, p. 67).

A realidade é movimento (Heráclito), que induz, obrigatoriamente, à mudança, ao novo; por seu turno, a dialética processa a autodisciplina da faticidade, da própria realidade como expressão existencial; essa característica que se contém no movimento do real se faz fonte geradora de normatividade. Essa mobilidade do real aponta para uma questão relevante: isso, por acaso, não significaria que a própria realidade produz o seu específico *dever-ser*? Uma vez que "sendo", em estado constante de mudança, é um "ser" em transformação sistemática que enquanto "é" produz o seu *dever-ser* como inerência da própria mudança; o movimento, a direção e o sentido dela constituem o *devir* do real; e aí já não repousaria uma noção implícita de *dever-ser*?

No movimento do real há temporalidade, durabilidade, fracionamento, contingência, término e recomeço, dramaturgia existencial; nisso está o "devir" do real, apegado e expressando a concretude deste, sem, portanto, transcendê-lo, senão que lhe emprestando novas dimensões, expressando o caráter fenomenológico do *dever-ser*; segue-se que o princípio não está no enunciado, e sim no praticado, naquilo que se impõe como realidade, como verdade existencial; o princípio está, portanto, como inerência, na concreção, e não na abstração; esta se põe, tão somente, como instrumento para o desvendamento daquela. Daí que o universal se põe como síntese operacional das parcialidades (particularidades) com vistas à sistematização dos pensamentos e raciocínios como forma de pensar e desvendar o particular concreto; quando o universal se imobiliza em conteúdo abstrato – num absoluto –, e não num universal concreto, enseja proposição com natureza permanente, que, via de regra, importa na negação da própria liberdade humana, naquilo que ela tem de mais persistente e consistente que é sua capacidade propositiva e transformadora. Diversamente, no plano da divindade, a infinitude, a permanência, a transcendência metafísica, que, sendo sobrenatural, é necessariamente produzida por um ser distinto e superior, sem o atributo existencial e essencial de humanidade.

A cultura não consegue refazer a natureza; pretensão que, por certo, não ostenta. A natureza humana mostra uma estrutura sobre a qual a cultura opera no sentido da adaptabilidade dela, sem alterá-la em suas características e potencialidades. Esse empenho se vê facilitado pela celeridade da "mudança cultural" em relação à "evolução natural" (Gould, 2001), o que enseja a pletora de possibilidades de ajustamentos do ser humano, mais prontamente, às mutações e metamorfoses do meio natural (físico e humano) e social. Contudo, as demandas da cultura têm de caber na elasticidade das condições naturais. No que sobejar, não persistirão. Em realidade, a ação civilizatória opera como uma verdadeira camisa de força sobre o estado de natureza do ser humano. No entanto, a moldura natural impregnada de significações se põe como lastro operativo à atuação cultural, ao encontro do equilíbrio e da estabilidade no empenho de "persistir e prevalecer", de forma tal a ensejar ao poder e ao seu exercício as condições propícias para a consecução da obra civilizacional. Com essa sintonia, são dadas à cultura as instrumentalidades indispensáveis à criação das instituições que consolidam a civilização. A durabilidade delas, porém, estará sempre na dependência da sabedoria política em assegurar as condições para que persistam.

A questão central está em o homem assumir a condição central de inteligência do mundo; não se trata mais de megalomania, senão que de autonomia da consciência humana; retomar para si o ato de viver, pensar, agir e decidir aqui, agora e para sempre, assumindo toda a potencialidade de sua condição humana; como afirmação de um ser cuja integridade é única, inconfundível e inassimilável por outrem, e que, como tal, se põe diante do mundo e da vida com digitais identitárias únicas e inconfundíveis; sem a comodidade da fuga, pela transferência da responsabilidade de ser, para o sobrenatural que é uma forma de fragilidade psíquica. A verdade não se faz um absoluto, intangível e imóvel, senão que um algo que se expressa pela via de um discurso justificativo umbilicalmente ligado a cada concretude situacional da pluralidade da experiência existencial, historicamente mutável.

51.

Em realidade, a política gera a sua própria ética; a ética do poder; e o conteúdo dessa ética é determinado pela força de domínio e da "vontade de potência", em que o "cálculo político" considera as conveniências da alteridade que tornam viável a convivência (interesse) social e a vivência (interesse) individual – as condições do pacto social –; e a dimensão em que ela se processa é aquela delimitada pelos marcos da liberdade e da servidão. A qualidade dessa ética é aí aferível no espaço que separa a barbárie da civilização. A ética, portanto, é constituída na relação política de alteridade, e não na idealização metafísica de princípios; ou seja, na tensão de forças no plano da realidade social e na prefiguração de "cálculos políticos" que se projetam tanto no nível social quanto no âmbito do indivíduo; a ética assim apurada se produz na relação política e se expressa em valores. A ética é, portanto, uma produção social. As condições próprias da natureza humana a que se agregam as condições culturais, com suas variações históricas situacionais, perfazem a ética humana como uma ética temporal; ou seja, é a vivência existencial humana que molda as regras e valores da política e da ética. As matérias de que se ocupa a política, em que se sobrepõem a liberdade, a igualdade, a justiça, a dignidade da pessoa humana, a segurança, a autonomia, a soberania, a estrutura democrática dos poderes, a temporalidade do exercício do poder, o rol dos direitos do indivíduo e do cidadão, o interesse individual e o coletivo, o bem comum – todos pertinentes e objeto do contrato social –, importam sempre na produção de valores humanos, que traçarão a senda da vivência privada e da convivência coletiva do indivíduo e do cidadão, na vida privada e na "pólis"; e que constituem o substrato do tema da política – consubstanciando uma sociologia e uma filosofia política –, donde promana uma ética imantada por esses valores.

Pertinentes, nesse passo, as ponderações de Steven Pinker:

> Ao expor a ausência de propósito nas leis que governam o universo, a ciência nos obriga a assumir a responsabilidade pelo bem-estar de nós mesmos, de nossa espé-

cie e de nosso planeta. Pela mesma razão, enfraquece qualquer sistema moral ou político baseado em forças místicas, buscas, destinos, dialéticas, lutas ou eras messiânicas. E, em combinação com algumas convicções irrefutáveis – que todos nós valorizamos nosso próprio bem-estar e que somos seres sociais que se influenciam uns aos outros e que podem negociar códigos de conduta–, os fatos científicos militam em defesa de uma moral defensável, ou seja, princípios que maximizem o desenvolvimento dos seres humanos e outros seres sensíveis. Esse humanismo (capítulo 23), que é inseparável da compreensão científica do mundo, está se tornando a moral de facto das democracias modernas, organizações internacionais e religiões liberalizadoras, e suas promessas não cumpridas definem os imperativos morais que enfrentamos hoje (2018, p. 462).

Daí, quem sabe, o entusiasmo de Aristóteles com a ciência política:

> § 1. Em todas as ciências e em todas as artes o alvo é um bem; e o maior dos bens acha-se principalmente naquela dentre todas as ciências que é a mais elevada; ora, essa ciência é a política, e o bem em política é a justiça, isto é, a utilidade geral. Pensam os homens que a justiça é uma espécie de igualdade e concordam, até um certo ponto, com os princípios filosóficos que expusemos em nosso tratado de ética (2009, p. 101).

A fuga, ao abrigo da metafísica, já é o movimento que se ensaia na senda de domínio da religião.

52.

O despregamento da concretude do mundo existencial humano é o salto que é dado da filosofia para a religião, da dúvida para o dogma, da ciência para a fé. O homem não se satisfaz com a incerteza no mundo existencial, carece, portanto, de certeza, o que significa dizer do absoluto, o que encontra no dogma, no campo da transcendência sobrenatural. Na busca da segurança psicológica torna-se vítima da certeza que o tranquiliza; a fé religiosa projeta, no plano sobrenatural, um *dever-ser* que poderosamente acolhe e pacifica a angústia humana. Mesmo nesse plano metafísico, a mensagem divina não busca exprimir-se por nenhum outro meio, senão que se transmuda através da natureza humana – obra da criação ou da evolução – a simbolizar a majestade e a potencialidade dela; assim consagra Dante Alighieri:

4. tu foste aquela que a Humana Natura
5. assim enobreceu, que o seu feitor
6. não desdenhou de assumir sua figura
(Divina Comédia – Paraíso – Canto XXXIII – versos 4,5 e 6 – 1998, p. 234).

53.

A religião pode ser vista enquanto crença num absoluto, num poder transcendente, sobrenatural, metafísico, portanto, como ato de fé; ou como instituição humana e social a serviço da pregação e da propagação da mensagem religiosa. Na primeira hipótese, o ser humano é submetido a um poder que lhe é estranho e superior e às prescrições dele provenientes, às quais deve a natureza humana se ajustar, sob o risco da infração moral e/ou ética; é o ser humano que deve se modelar à regra que lhe é externa; é a ideia aceita como determinação do poder inquestionável e absoluto; e essa ideia, como poder, já está hegemonizada por vontade superior; a tarefa consiste em cumprir, seja a que preço for, os mandamentos prescritos. A luta que aqui se estabelece é entre a natureza humana (ser humano) e a regra predeterminada. O isolamento parcial no que tange à imersão social e individual (vida monacal), a inibição dos desejos e prazeres humanos, da sexualidade (celibato), a autoimposição de flagelos físicos sempre na busca da purificação, sob a suposição, entre outras, de reservas psicossomáticas para a mais completa satisfação das prescrições (mensagem); a repressão da naturalidade humana, mesmo consentida, importa em violência física e psíquica, mesmo que o discurso justificativo seja o de alcançar o fito perseguido; como se, *a contrario sensu*, na equação proposta, o fim pretendido somente pudesse ser atingido por essa via.

Na segunda hipótese, como instituição humana é agente de um poder cuja essência se consubstancia numa mensagem de natureza transcendente. Nessa condição atua como protagonista na realidade da sociedade política, da "pólis", em todas as suas dimensões. A noção de poder, com as tipicidades que a caracterizam, e já destacadas ao longo do texto, aqui mais se radicaliza na razão direta do dogma de que a ideia se reveste. Segue-se daí que a violência física e psíquica identificada na Inquisição decorre, fundamentalmente, da certeza contida no dogma como fonte derradeira e definitiva da verdade contra a qual a heresia somente poderia ser tomada como ato de inominável violência; na mesma direção o "Index" de livros proibidos, as guerras religiosas e tudo mais que se oponha à ideia tomada como verdade absoluta; e que empresta o necessário respaldo ao discurso justificativo como retórica dela. Uma carta de anátema do Tribunal da Inquisição Espanhola de Córdoba, publicada ao redor de 1630, permite que se tenha uma ideia do rigor e da intensidade da violência com que era defendida a ideia consagrada como dogma, segundo Francisco Bethencourt:

> Que a maldição de Deus Todo-Poderoso e da gloriosa santa Virgem Maria, dos Bem-Aventurados Apóstolos são Pedro e são Paulo, e de todos os Santos do Céu venha sobre vós e cada um de vós, assim como todas as pragas do Egito e as maldições que caíram sobre o faraó e seu povo, pois não haveis obedecido aos mandamentos divinos. E que sejais submetidos às mesmas sentenças que

flagelaram Sodoma e Gomorra, Datan e Abiram, engolidos pela terra por causa do pecado de desobediência cometido contra Deus. E que sejais malditos em vosso comer, beber, velar, dormir, levantar, andar, viver e morrer. Endurecei-vos em vosso pecado com o demônio sempre à vossa direita até o Juízo Final, onde sereis condenados. Que vossos dias sejam curtos e penosos. Que vossos bens caiam nas mãos de estranhos que os possam gozar. Que vossos filhos sejam órfãos e caiam na necessidade, banidos de vossas casas queimadas. Que toda a gente vos deteste, sem piedade de vós e de vossos negócios. Que vossa malvadez permaneça na memória de todos, oposta à veneração divina. Que malditos sejam o pão, o vinho e a carne que vós comeis e bebeis, a roupa que vestis, as camas onde dormis, que vós sejais malditos com todas as maldições do Antigo e Novo Testamento, malditos com Lúcifer, Judas e todos os diabos dos Infernos, que eles sejam vossos senhores e vossa companhia. Amém (2000, p. 177-178).

Há que se considerar que, na natureza humana, a espiritualidade se manifesta na percepção de ser o que ela é, na imensidão do sentimento de si mesma como autopercepção afetiva e concreta da dimensão existencial; e, em ação que se processa em sintonia harmoniosa com todas as partes e características que a integram, com qualificada sensibilidade humana; afigura-se, assim, a espiritualidade como a expressão de uma situação de completude, entendida esta como uma sensação de satisfação de plenitude existencial; verifica-se a emanação de um estado de consciência existencial e de um verdadeiro "sentimento do mundo"; isso porque a espiritualidade não está na hierarquia referencial, senão que na natureza psicossomática humana como razão e sentimento de devoção à concretude do mundo e na afirmação da crença nas potencialidades do ser humano e de sua existencialidade; constitui-se, em realidade, em uma concreta religação (*religare*) e louvação do mundo e da vida nele consagrada. Como expressa Drummond (Andrade, 2004, p. 67): "Tenho apenas duas mãos e o sentimento do mundo."

Nessa dimensão, não devem ser esquecidas, posto que pertinentes, as ponderações de Steven Pinker:

> A Bíblia contém instruções para o genocídio, o estupro e a destruição de famílias, e mesmo os Dez Mandamentos, lidos em seu contexto, proíbem o assassinato, a mentira e o roubo apenas no âmbito da tribo e não contra forasteiros. Religiões trouxeram até nos apedrejamentos, incineração de bruxos, cruzadas, inquisições, jihads, jatwas, bombardeadores suicidas, pistoleiros atacantes de clínicas de aborto e mães que afogam os filhos para que possam reunir-se jubilosamente no céu. Como escreveu Blaise Pascal: "Os homens nunca fazem o mal tão completamente e de bom grado como quando o fazem por convicção religiosa" (2018, p. 580).

A religiosidade, por seu turno, é uma forma de espiritualidade, religada, porém, ao sobrenatural, a cuja crença se tributa o mais profundo respeito.

54.

A mensagem religiosa compõe, com muita eficácia, o processo cultural; os valores que aporta são aqueles em que são estruturadas as religiões, nomeadamente as monoteístas – judaísmo, cristianismo e islamismo –, a saber: poder absoluto, personalismo, regime teocrático e transcendência metafísica. Tais valores se consubstanciam em práticas que se inserem, por vezes de forma subliminar, na concretude da vivência social, alcançando o que se poderia denominar o inconsciente coletivo. Esse modelo não guarda nenhum dos princípios democráticos, e, nesse verdadeiro "caldo" cultural, se processa a organização e a estruturação política da sociedade. É inegável a influência de tudo isso sobre a sociedade civil e o Estado laico. A despeito da distinção formal, em nível conceitual, a prática social concreta, no entanto, resgata esse quase atavismo cultural que aponta para uma ação concreta de autoritarismo, de salvadorismo, de rejeição de práticas democráticas e de negação da autonomia do ser humano, consagrando tipologias genuínas de sociologia política: populismo, personalismo, líder salvacionista, via de regra com vocação mítica e mística, onde o de que menos se cuida é de ideias, senão que de sentimentos e emoções transcendentais que, ao mesmo tempo que empolgam, extrapolam a realidade e a viabilidade nela. É que a fragilidade psicológica no homem faz deslocar dele o potencial humano de ação;

na religião, para um absoluto; na política, para o líder salvador. Nesse ponto dá-se a transferência do modelo do sagrado, pela via da cultura, da religião para a política, num movimento anti-iluminista. O populismo é uma promessa sem metafísica, por isso não resiste o desgaste imposto pelo tempo, que, de resto, é implacável e intransigente com a verdade. A metafísica religiosa aplaca a agrura do tempo porque o cumprimento da promessa permanece sempre como uma expectativa: não se consome, portanto, pela satisfação, persistindo sempre como hipótese. Igual modelo – estrutura do poder religioso – também tem servido de referência ao que de mais requintado oferece a sociedade capitalista – a organização empresarial –, cujo poder é concentrado, personalista, autoritário e, consequentemente, antidemocrático; por vezes, e não poucas, com lastro familiar, a dimensionar uma monarquia de sangue. Vê-se, por certo, que os fundamentos dos tipos mencionados radicam no vínculo umbilical que guardam com o conteúdo e as práticas do poder religioso, implantado que está na formação embrionária das sociedades políticas, com inegável natureza atávica. A reversão desse estado de coisas está obrigatoriamente ligada ao processo reeducador promovido pelo Estado leigo, como ação cultural, em missão civilizatória.

55.

Os valores são sempre humanos e históricos como expressão da supremacia dos poderes que ideologizam interesses hegemonizados no seio da sociedade. Daí decorre que se a prática humana devesse ter obedecido – e se os deva obedecer – a valores imutáveis e eternos, a humanidade haveria de penitenciar-se *ab aeterno* pelos crimes que praticou e os que vem praticando. A hegemonia, por seu turno, é garantida pela força através do monopólio dela no estado de direito. Em realidade, a força tem por pressuposto a ideia hegemônica (poder) para que o seu acolhimento se dê no estado de direito; e essa recepção é chancelada pelo ato da cultura na pretensão de esmaecer as digitais da barbárie na potencial execução do "serviço sujo". A ideia hegemônica traz o registro de uma má consciência que lhe impinge o dissenso, que é a parcialidade vencida, enquanto assume a expressão da parte (maioria), hegemonicamente legitimada, em nome do todo.

Em realidade, a ordem civilizada tem no dissenso o elemento detonador da dinâmica dialética da vida social, e, dessa forma, é assegurada a possibilidade de sua constante metamorfose no curso da história. Por sua própria natureza, o monopólio da força já é a potencialização do dissenso institucionalmente assegurado; o que leva à consideração de que a oposição, por "contrariedade" (Cirne Lima, 2012), entre civilização e barbárie, é superada, no processo dialético, cuja síntese aponta para o aculturamento da barbárie (institucionalização da violência) à ordem civilizada, com a persistência, no sistema cultural, das "pegadas" dessa faticidade contingente.

56.

Uma dificuldade, e ao mesmo tempo um risco, se põe à política na percepção conceitual da realidade; isso porque a natureza do conceito já traz em si um convite à abstração e a idealização. Corre-se o risco de inversão do processo: o conceito abstrato pretender moldar a realidade, ou seja, subsumir a pluralidade e complexidade do real num modelo previamente estabelecido, ao invés de o conceito ser a expressão dessa complexidade e pluralidade. Um *a posteriori*, nunca um *a priori*, ou seja, a ideia gestada pelo real concreto, num processo tipicamente dialético. Aqui também oportuna a ponderação de José Arthur Giannotti:

> Do mesmo modo que não obteremos uma noção efetiva de mesa se não tivermos um processo ante-predicativo, prático, capaz de discriminar uma mesa pela outra de modo a formar, antes da palavra, a classe de equivalência a que esta se reporta; igualmente só lograremos uma imagem efetiva de sociedade, capaz de alimentar um programa político, se já existir no seio dos processos

sociais um movimento totalizante capaz de repor a sociedade como um todo (1983, p. 180).

57.

A ideia hegemônica como expressão do poder se constitui numa ideologia: compõe um sistema de verdades. Ganha elasticidade no tempo, se oxigenada pelas remodelações determinadas pela mobilidade do real; se dogmatizada, encurtará o ciclo temporal de sua vitalidade, definhando sob o efeito de processo esclerótico.

58.

O poder como objeto da política e a política como campo de gestão do poder estão em relação e se tensionam dialeticamente, polarizam-se como estado de natureza e valores, sem limites e limites, arbítrio e regras, insolência do mais forte e tutela da vida, ou seja, como barbárie e civilização. Nessa tensão dialética uma primeira síntese já foi alcançada: a força e a violência como signos da barbárie ganharam assento no estado democrático de direito pela institucionalização do monopólio de ambas, o que não importa em extingui-las, senão que em distingui-las: empregá-las de conformidade com regras legais. Os elementos próprios à barbárie que são inseridos na lei ascendem à legalidade formal; o estado de natureza deles não se altera, senão que somente se legitima. Assim, a tensão que exercem é no sentido da autoafirmação, antinômica à ordem legal em que se encontram acolhidos, regradamente reprimidos, o que não os põe a salvo de suas patologias. A pressão provocada por essa tensão potencializa o que lhes é natural, ou seja, o arbítrio instalado na ordem legal, que, por vezes, como retrata a história, tem a sua legalidade rompida pela força e pela violência, de que são exemplos as revoluções, golpes, estados de exceção, etc. Quem sabe resida aqui um tributo à facticidade, tal como na mitologia anteriormente invocada, uma autoproteção do corpo social ao descaminho de sua própria legalidade institucional em processo inconsciente de decomposição esclerótica: uma legitimidade eventual da contingência, ou seja, da insurreição,

> [...] sem que desapareça da sociedade, a força e a violência, para se repetir e sobreviver, tende a subordinar-se a um certo paradigma, norma ou legitimidade, no sentido duma lex que lhe empresta uma função reguladora. É por isso que os antigos já tratavam de distinguir *potentia* e *potestas*, a violência daquela outra legitimada, a saber, medida (Giannotti, 1983, p. 177).

Há, portanto, uma interlocução necessária e explicativa na relação entre poder e política. Daí o discurso justificativo como um dístico do poder e um recurso da política, exercitado na busca de uma axiologia compatibilizadora. O significativo nesse diálogo da racionalidade está no tanto do quinhão da cultura que se pode encontrar agregado ao poder e quanto de concessão ao estado de natureza pela política. É o passo de convergência articulado na direção do pacto social. Daí a simbiose que envolve política, poder, cultura e sociedade.

59.

A ânsia de domínio afeta à natureza entrópica do poder, quer no plano individual, quer no plano coletivo, paira sempre como uma ameaça à estabilidade das relações; as confrontações de interesses não estão vocacionadas a se perfectibilizarem e se conformarem em relações igualitárias; isso alcança toda a espécie de luta, inclusive a luta de classes; daí que as construções políticas se inserem num processo dinâmico em que a mutabilidade passa a ser um qualificador para a renovação e para o equilíbrio das relações, numa sistemática de superações, enquanto negação e rejeição da noção de estática das mesmas; a conquista desse equilíbrio, em permanente estado de movimento dessas relações, se põe como desafio a cargo da política.

A ação dos atores no teatro social é impulsionada pela "vontade de potência" na busca do domínio inerente a cada um deles; nisso a relevância do tema: esse contingente de inerência da natureza humana, em sua dimensão psicossomática, que energiza e direciona o poder, pode se constituir no guia significativo e determinante das relações. A realidade situacional e histórica que se processa em movimento de acumulação cultural de valores se projeta e se propõe como elemento subjacente às atuações; e a "vontade de potência" agindo sobre esses dados experienciais constitui o móvel da decisão na expressão da vontade política consubstanciada na afirmação da ideia hegemônica, o que significa dizer, do poder. Daí a sintonia da natureza humana e da política:

> A teoria política também tem uma afinidade natural com as ciências da mente. "O que é o governo", perguntou James Madison, "senão a maior de todas as reflexões sobre a natureza humana?" Cientistas sociais, políticos e cognitivos estão reexaminando as conexões entre política e natureza humana, que foram avidamente debatidas na época de Madison, mas ficaram submersas durante um interlúdio em que os seres humanos foram tratados como tábulas rasas ou agentes racionais. Os seres humanos, agora sabemos, são agentes moralistas: são guiados por intuições sobre autoridade, tribo e pureza; dedicam-se a crenças sagradas que expressam sua identidade; e são movidos por inclinações conflitantes para a vingança e a reconciliação. Estamos começando a entender por que esses impulsos evoluíram, como são postos em prática no cérebro, como diferem entre indivíduos, culturas e subculturas, e quais condições os ativam e desativam (Pinker, 2018, p. 475-476).

60.

Esse impulso de domínio é como se fora uma "energia de placas tectônicas" da natureza humana, sempre mais potente que a capacidade de discipliná-la; daí o desatino a que o poder pode levar a ação humana na sua impulsão ao ilimitado do domínio de que é modelar exemplo o nazismo alemão do Terceiro Reich, de tão funestas consequências; certo é que essa possibilidade está sempre espreitando a sociedade humana; como adverte Freud: "Mas os estados primitivos sempre podem ser restabelecidos; o que é primitivo na alma é imperecível no mais pleno sentido" (Considerações Atuais Sobre a Guerra e a Morte, v. 12, 2010, p. 225-226); e o primeiro passo para evitá-la é, seguramente, a tomada de consciência; e a clara noção de que somente a consistência e a eficácia da ação civilizatória poderá opor-se à explosão dessa energia destrutiva gerada pela "vontade de potência" que se abriga no poder como atributo da natureza humana.

Por se sentir enclausurado, o "monstro" ameaça com ação de ruptura a normatividade legal; o desafio está em compatibilizar a natureza entrópica do poder com a capacidade de absorção do sistema; em que o regime democrático tenha de chamar a si, pela via da política, a missão de possibilitar que o poder se baste no âmbito da legalidade, ou seja, uma articulação harmoniosa de democracia e poder; uma vez que a democracia, como valor em si, se expressa nos princípios da liberdade, da igualdade de tratamento, do que resulta a tutela da dignidade da pessoa humana e de sua subsistência material; pressupostos indispensáveis à sustentabilidade da arquitetura de sua estrutura formal; hipótese em que forma e conteúdo se demandam reciprocamente.

61.

Enquanto contido e reprimido, a propensão natural ao extravasamento tensiona o poder de uma maneira tal que o envolve numa fenomenologia fantástica cuja intensidade ficcional essencializa o mito; a natureza entrópica do poder carrega um potencial mítico que coexiste com a sua concretude fática; ela o capacita ao mito; ao se projetar já na senda histórica, graças à força da energia ficcional, o faz com versão avantajada; todo o poder contém, portanto, a potencialidade para a construção da sua própria mitologia; aquela potência de ser mais do que foi; essa energia que sobeja se projeta na história como ficção, construindo o mito; a semelhança do que "esqueceu de acontecer" como já foi dito.

62.

O poder se constitui no ópio e no afrodisíaco da natureza humana na busca sempre do seu êxtase; e isso assim se dá porque no ser humano "[...] o cerne do sujeito não está onde ele pensa, mas onde ele goza. Lá gira o eixo da personalidade. Desde ali ele deseja e age, por isso, às vezes fazemos escolhas irracionais. Por isso é tão difícil sair de um vício, ele se instala no coração do ser" (Corso, 2020); no entanto, como do próprio veneno pode provir o remédio, no aparente paradoxo de que cuida a ciência médica – aqui ora tomado tão só como metáfora –, o mesmo se pode esperar com relação ao potencial positivo do poder: a metamorfose da negatividade dele em energia vital de pensamento e ação no ajustamento e conjugação do interesse individual e coletivo na composição do interesse comum da sociedade, pela via apropriada da política.

A instabilidade da ordem civilizada, nomeadamente com riscos à democracia e ao exercício da liberdade, que se processa ciclicamente, encontra, quem sabe aí, a sua razão de ser e a sua justificativa. A estabilidade, sempre temporária, residirá unicamente na sabedoria política em tratá-la. O regramento das relações individuais e sociais flexiona ao impacto das necessidades e interesses, o que é compartilhado pelos valores que são reelaborados ou transformados em razão destes. Cada época histórica terá sempre o seu discurso justificativo para as mutações processadas em sua axiologia. As necessidades e os interesses a elas vinculados serão sempre determinantes do ajustamento dos valores. Os princípios como valores *a priori* estabelecidos, via de regra, com forte fundamento metafísico, têm envergado ao peso das necessidades e interesses, e persistido, como expressão moralista, numa formatação quase que religiosa, sempre na esperança de que as realidades se rendam aos denominados princípios inalteráveis e eternos; entre elas a da imperfeição do ser humano em que o ato de negá-la ou de não aceitá-la consistirá sempre em "declarar guerra à sua própria natureza – o esporte favorito de tiranos e ditadores" (Coutinho, 2021).

63.

O discurso justificativo se manifesta em cada momento de predomínio da ideia hegemônica, como meio de expressão da verdade dessa hegemonia; e assim a verdade se vê espelhada no discurso justificativo; e se faz um atributo da realidade que lhe confere intensidade axiológica, constituindo-se, portanto, na consistência valorativa dessa mesma realidade; a força assertiva dessa verdade se comunica através do discurso justificativo, como aptidão discursiva, que, fazendo parte dela, expressa a sua linguagem verbal que se perfaz na narrativa; daí a essencialidade dele, inclusive como poderoso instrumento de empoderamento. Cada hegemonia é sustentada pelo seu próprio e específico discurso justificativo; constitui a sua linguagem, o seu símbolo e a sua bandeira; é a exteriorização de sua fisionomia identitária.

64.

Parece não ser estranho afirmar-se que o poder ostenta potência para pôr em risco a ordem civilizada, mas, ao mesmo tempo, se constitui num indispensável instrumento de garantia de sobrevivência da espécie; presente, portanto, o potencial do conflito e da reação a ele, ambivalência assustadora com a qual a política tem de se haver para traçar os termos do contrato social. Como lembra Steven Pinker, "E, como mencionei logo no início, embora o conflito seja um universal humano, os esforços para reduzi-lo também são" (2018, p. 544). Para tanto, não lhe socorre, por insuficientes, as teorias que desconsideram o ímpeto de domínio inerente ao poder como atributo gravado na natureza humana.

65.

As ideias que permeiam a sociedade, e, via de regra, como vezos sociais, se inculcam pelos poros das vivências coletivas, alcançam uma hegemonia de forma quase dissimulada e imperceptivelmente se alastram e se afirmam na contramão da ética. É o que se pode constatar, indistintamente, em vários países de diferentes níveis de cultura; e, mais acentuadamente, em sociedades com origem na colonização espanhola e portuguesa, de que é exemplo a América Latina, em que a reiteração de práticas sociais emana um "caldo de cultura" permissivo, conivente e normalizador de condutas arbitrárias e ilícitas; hábitos que, consagrados pelo costume, se consolidam, verdadeiramente, como uma "segunda natureza" que se pretende legitimadora; sustentam e revestem de uma pátina cultural as ideias do patrimonialismo, do personalismo, do arbítrio social e institucional e da corrupção sistêmica, amparada na justificativa da falsa e despudorada premissa consistente na suposta normalidade legitimadora da prática de "levar vantagem em tudo".

O poder é rancoroso; quando não vencido, sacrifica os seus algozes. É a afirmação da cultura do patrimonialismo, do autoritarismo, do mandonismo e da corrupção no Brasil enquanto confrontada pela atuação judicial da Operação Lava-Jato; é a sobrevivência das práticas políticas do Brasil Colônia, que persistem fortalecidas no século XXI; e, não menos desprezível, senão que mais significativa a reação – *interna corporis* – à pretensa obscuridade a que é relegada a notoriedade da Suprema Corte pela atuação destemida de juízes de Primeiro Grau de Jurisdição, incensada e consagrada pela consciência ética ainda persistente na sociedade civil; o mal--estar e a repulsa seguida de uma radical objeção no seio da Suprema Corte, como se se tratasse de uma imperdoável heresia à santidade hierárquica, resgata, em sua plenitude, a advertência bíblica "vaidade das vaidades, tudo é vaidade" (Eclesiastes 1,2). Idêntica ocorrência se deu na Itália, como é consabido, em razão da operação Mani Polite, com o requinte mafioso de assassinatos de juízes e políticos. Em reminiscência de uma situação relevante, a despeito da diversidade dos momentos históricos, talvez o mesmo possa ser dito em relação ao destino dos líderes da Revolução Francesa, cujas cabeças, em atos plenos de simbolismo, foram ofertadas à guilhotina, inclusive a de Robespierre, ao sustentarem um novo sistema da legalidade (poder formal) e de legitimidade (poder real), com o afastamento e execução do titular e agente da Monarquia, em detrimento do poder real do "Antigo Regime" – decorrente da estrutura social, política e econômica da Sociedade Monárquica –, que, metamorfoseado, persistiu com Napoleão – primeiro como Cônsul (1798); depois Imperador (1804) – e seus sucessores; enquanto as ideias iluministas continuariam à busca de sua afirmação como essência do novo, cujos valores, ainda que já formalmente proclamados, seriam concretizados, por si sós, como das mais poderosas conquistas da cultura ocidental. Ocorre que a institucionalização do novo poder – sua afirmação, portanto, como poder formal e como poder real – nem sempre se processa de maneira simultânea, operando-se, de regra, um hiato na desejada concomitância de ambos, visto que a implantação do "novo" poder real (material) cuida de realidade fática cujo perfazimento depende sempre de condição temporal para a sua concretização; mormente quando a mudança decorre de ação revolucionária, e não de compromisso como ato essencial da política; nesse vão se pode dar a persistência da prática consuetudinária – "o hábito é uma segunda natureza" – do poder real deposto, porém não de um todo vencido, que, embora sem mais nenhuma legitimidade, pode ainda se manter, e o faz, pela força inercial. É o que se deu na Revolução Francesa, em que se pode identificar a inocorrência de sincronia fática da nova legalidade e legitimidade, em que o Poder Revolucionário passa a ser hospedeiro, ainda que temporário, das relações reais do poder deposto. Porém, afirmativamente arauto dos valores das luzes, dos novos tempos, por derradeiro, prevalentes.

Quando a ideia iluminista deslocou-se da cabeça dos Reis para a vontade do povo, a centralidade da origem e da legitimidade do poder como expressão da ideia como vontade hegemônica inaugurou a natureza democrática e exasperante do agente do poder; este, que era uma subjetivação de seu exercente, passou a se constituir numa ideia hegemônica exercitável por representação do indivíduo que ostenta a só condição de cidadão; segue-se daí que a "vontade de potência" da ideia hegemônica, em sua plenitude, se processa, sem percalço, na inteireza despojada do agente. A transformação verificada está exatamente neste ponto: a potência da ideia como vontade do todo (poder) se representa na naturalidade do agente; e a pujança democrática deste repousa exatamente naquilo que faz a sua essencialidade: a condição de simples cidadão.

66.

O poder no homem é uma ânsia de ser e a sua força é baseada tanto na necessidade quanto na liberdade; é, portanto, algo imensurável na medida em que deita raízes nas dimensões nuançadas da própria natureza humana; o confronto é a dinâmica de sua existência, quer no âmbito individual, quer no coletivo (social), na afirmação sempre da supremacia, do domínio, onde restam desfiguradas as demarcações de limites. A cultura, em nome da civilização, busca uma moldagem para aquilo que é o poder enquanto expressão de sua natureza intrínseca. A eficácia dessa ação cultural consiste em conquistas de convivências civilizadas, em estados de paz, aos quais se intercalam períodos de lutas. Não é, no entanto, da natureza do poder a paz, que se põe, apenas, como momento de repouso, reavaliação e preparo para novos confrontos.

O homem não depõe sua disposição belicosa, nem mesmo as armas que lhe dão respaldo; a paz, portanto, é sempre armada; o silêncio delas é sempre parcial e estratégico; tanto que o confronto bélico, sem nunca cessar, está sempre em ação em algum ponto do universo. Assim, basta lembrar do século XX, exemplificativamente, os seguintes conflitos bélicos: Guerra Russo-Japonesa – Guerra dos Bálcãs – Primeira Guerra – Segunda Guerra Mundial – Guerra Sino-Japonesa – Guerra Espanhola – Guerra das Coreias – Guerra do Vietnã – Guerra Árabe-Israelense – Guerra de Yon Kippur – Guerra Irã-Iraque – Primeira Guerra da Chechênia – Guerra do Golfo; do século XXI: Guerra ao Terror (11/9/2001) – Guerra do Afeganistão – Batalha de Tora Bora – Guerra do Iraque – Segunda Guerra do Golfo; e, finalmente, ainda em curso, a guerra promovida pela Rússia na Ucrânia. Será que isso tudo já estava pressentido no Eclesiastes? "Debaixo do céu há momento para tudo, e tempo certo para cada coisa; Tempo para nascer, tempo para morrer. Tempo para plantar e tempo para arrancar a planta. Tempo para matar e tempo para curar. Tempo para destruir e tempo para construir. Tempo para amar e tempo para odiar. Tempo para a guerra e tempo para a paz" (Eclesiastes 1,3).

67.

Essa realidade que se põe como um resgate necessário, não obscurece o progresso humano alcançado através de conquistas civilizatórias que expressam a força das ideias e a consistência das ações humanas na construção institucional da civilização. Como bem destaca Steven Pinker, em merecida apologia do progresso humano, in verbis:

> A história do progresso humano é verdadeiramente heroica [...] Fomos moldados por uma força impiedosamente competitiva. Somos feitos de madeira torta, vulneráveis a ilusões, ao egocentrismo e, às vezes, a uma estupidez espantosa. Mas a natureza humana também foi abençoada com recursos que abrem espaço para uma espécie de redenção. [...] Somos intensificados pela capacidade de solidariedade. [...] Esses dotes encontraram maneiras de ampliar seu próprio poder. [...] À medida que a espiral do recorrente aperfeiçoamento ganha impulso, arrancamos vitórias contra as forças que nos desencorajam, sobretudo contra as partes mais obscuras da nossa própria natureza. Penetramos nos mistérios do cosmo, inclusive da vida e da mente.
> [...] Essa história heroica não é apenas um mito. Mitos são ficções, mas essa é verdadeira – verdadeira tanto quanto podemos conhecer, o que é a única verdade que podemos ter. Acreditamos nela porque temos razões para crer isso [...] E essa história não pertence a nenhuma tribo, mas a toda a humanidade – a qualquer criatura senciente com o poder da razão e o desejo de persistir em seu ser (2018, p. 527-528).

68.

Por derradeiro, uma dinâmica suicida assalta o poder: a sua sustentabilidade depende sempre de sua capacidade de expansão, que amplia ou reduz o ciclo de sua durabilidade, na dependência do grau de adaptabilidade às constantes mutações e ao processo sistêmico de renovação que a realidade social impõe. "A virtude conquistadora está tão ligada ao Poder quanto a virulência ao bacilo, possui como ela suas fases de entorpecimento, mas ressurge com mais vigor" (Jouvenel, 1998, p. 179). O dilema contido no movimento de manutenção/crescimento se pereniza num processo sistêmico de criação e recriação que o conduz à exaustão no empenho de sua própria manutenção. A consequência é o processo de ruptura do poder determinado pela fratura da ideia em que ele se constitui. Padece da síndrome do escorpião, a que se refere a fábula, que nem a morte (suicídio) provocada pela liberação do próprio ferrão o impede de fazê-lo, por ser ato genuíno de sua própria e irresistível natureza. Está no DNA dele. Não é tendência prioritária do poder promover a coesão e a organização social, a despeito do discurso justificativo que ostenta.

 A inclinação dele é ao oposto disso. A ação civilizatória é que pode constrangê-lo a tanto, ao abrigo dos demais elementos também inatos à natureza humana; e a lucidez está na ciência disso. Somente a inteligência humana pode cumprir essa tarefa; quem sabe como con-

trapartida dos talentos que a própria natureza conferiu-
-lhe. O limite é formulação da cultura, é ato civilizatório
no empenho de fazer possível e pacífico o convívio social, do que não resta certeza alguma. Daí a tensão constante dessa linha divisória entre poder e limite, entre civilização e barbárie, entre Eros e Tânatos.

Referências

AGOSTINHO, Santo. *Confissões*. Os Pensadores. São Paulo: Abril Cultural, 1984.

ALIGHIERI, Dante. *Divina comédia*. São Paulo: Editora 34, 1998.

ANDRADE, Carlos Drummond de. *Amor nenhum dispensa uma gota de ácido*: escritos sobre Machado de Assis. Rio de Janeiro: Três Estrelas, 2019.

ANDRADE, Carlos Drummond de. *Poesia completa*. Rio de Janeiro: Nova Aguilar, 2004.

ARENDT, Hannah. *A condição humana*. Rio de Janeiro: Forense Universitária, 2016.

ARISTÓTELES. *A política*. São Paulo: Edipro, 2009.

ARISTÓTELES. *A ética*. Textos selecionados. São Paulo: Edipro, 2015.

ARISTÓTELES. *Ética a Nicômano*. São Paulo: Abril Cultural, 1984.

ARRUDA ARANHA, Maria Lucia de. *Machiavel: a lógica da força*. Coleção Logos. São Paulo: Moderna, 1993.

BADIOU, Alain. *Ética: um ensaio sobre a consciência do mal*. Rio de Janeiro: Relume-Dumará, 1995.

BALANDIER, Georges. *O poder em cena*. Brasília: Edição Universidade de Brasília, 1982.

BARELLI, Ettore; PÉNNACHIETTI, Sergio. *Dicionários da citações.* São Paulo: Martins Fontes, 2001.

BETHENCOURT, Francisco. *História das Inquisições. Portugal, Espanha e Itália. Século XV-XIX.* São Paulo: Companhia das Letras, 2000.

BOBBIO, Norberto. *Igualdade e liberdade.* Rio de Janeiro: Ediouro, 1996.

CANTO-SPERBER, Monique (Org.). *Dicionário de Ética e Filosofia Moral.* São Leopoldo: Editora Unisinos, 2003.

CHAUÍ, Marilena. *A nervura do real.* São Paulo: Companhia das Letras, 1999.

CHECCHIA, Marcelo A. *Origens psíquicas da autoridade e do autoritarismo.* Belo Horizonte: Dialética, 2020.

CIRNE LIMA, Carlos. *Ideia e movimento.* Rio de Janeiro: Civilização Brasileira, 2012.

CLAUSEWITZ, C. V. *Da guerra.* Brasília: Editora Universidade de Brasília; Martins Fontes, 1979.

COUTINHO, Carlos Nelson. *Gramsci: um estudo sobre o seu pensamento político.* Rio de Janeiro: Civilização Brasileira, 2012.

DAMÁSIO, António. *A estranha ordem das coisas.* Lisboa: Círculo de Leitores, 2017.

DARWIN, Charles. *A origem do homem e a seleção sexual.* São Paulo: Hemus, 1974.

DARWIN, Charles. *A origem das espécies.* Porto Alegre: Pradense, 2017.

ESPINOSA, Baruch. *Ética*. Os Pensadores. São Paulo: Abril Cultural, 1983.

FOUCAULT, Michel. *Metafísica do poder*. Rio de Janeiro: Paz e Terra, 2017.

FERRY, Luc. *A sabedoria dos mitos gregos. Aprenda a viver II*. Rio de Janeiro: Objetiva, 2009.

FREUD, Sigmund. *O mal-estar na civilização*. v. 18. São Paulo. Companhia das Letras, 2010.

FREUD, Sigmund. *Por que a Guerra? Carta a Einstein, 1932*. v. 18. São Paulo: Companhia das Letras, 2010.

FREUD, Sigmund. *Introdução ao narcisismo*. v. 12. São Paulo: Companhia das Letras, 2010c.

FREUD, Sigmund. *Considerações atuais sobre a guerra e a morte*. Obras Completas. v. 12. São Paulo: Companhia das Letras, 2010d.

FREUD, Sigmund. *Totem e tabu*. v. 11. Obras Completas. São Paulo: Companhia das Letras, 2012.

FREUD, Sigmund. *A interpretação dos sonhos*. Obras Completas. v. 4. São Paulo: Companhia das Letras, 2019.

JAMESON, Fredric. *O inconsciente político*. São Paulo: Ática, 1992.

GIANNOTTI, José Arthur. *Trabalho e reflexão*. São Paulo: Brasiliense, 1983.

GALBRAITH, John Kenneth. *Anatomia do poder*. São Paulo: Pioneira, 1984.

GOULD, Stephen Jay. *Lance de dados*. Rio de Janeiro: Record, 2001.

HARARI, Noah Yuval. *Sapiens: uma breve história da humanidade*. Porto Alegre: L&PM, 2015.

HEGEL, G.W.F. *Introdução à história da filosofia*. Coimbra: Armenio Amado Editor, 1980.

HOBBES, Thomas. *O Leviatã*. Os Pensadores. São Paulo: Abril Cultural, 1983.

HOBBES, Thomas. *Do Cidadão*. São Paulo: Edipro, 2016.

JOUVENEL, Bertrand de. *O poder: história natural de seu crescimento*. São Paulo: Editora Peixoto Neto, 1998.

JASPERS, Karl. *Introdução ao pensamento filosófico*. São Paulo: Cultrix, 2011.

KAPLAN, Abraham; LASSWELL, Harold. *Poder e sociedade*. Brasília: Editora Universitária de Brasília, 1979.

LOCKE, John. *Segundo Tratado sobre o Governo*. Os Pensadores. São Paulo: Abril Cultural, 1983.

LOWY, Michael. *Walter Benjamin: aviso de incêndio*. São Paulo: Boitempo, 2005.

MAQUIAVEL, Nicolau. *Comentários sobre a Primeira Década de Tito Livio*. "Discorsi". Brasília: Editora Universidade de Brasília, 1979.

MAQUIAVEL, Nicolau. *História de Florença*. São Paulo: Musa Editora, 1998.

MAQUIAVEL, Nicolau. *O Príncipe*. São Paulo: Companhia das Letras, 2010.

MORA, José Ferrater. *Dicionário de Filosofia*. v. 1. Madrid: Alianza Editorial, 1982.

NERES, Geraldo Magella. *Política e hegemonia*. Curitiba: IBPEX, 2009.

NIETZSCHE, Friedrich Wilhelm. *Vontade de potência*. Petrópolis, RJ: Vozes, 2011.

PASCAL, Blaise. *Pensamentos*. Os Pensadores. São Paulo: Abril Cultural, 1984.

PINKER, Steven. *O Novo Iluminismo*. São Paulo: Companhia das Letras, 2018.

PINKER, Steven. *Como a mente funciona*. São Paulo: Companhia das Letras, 1998.

PINKER, Steven. *Tábula rasa*. São Paulo: Companhia das Letras, 2004.

ROUSSEAU, Jean Jaques. *Contrato Social*. Os Pensadores. São Paulo: Abril Cultural, 1983.

SADEK, Maria Teresa. *A política como ela é*. São Paulo: FTD, 1996.

SCHILLING, Voltaire. *Holocausto: das origens do povo judeu ao genocídio nazista*. Porto Alegre: AGE Editora, 2019.

SCHOPENHAUER, Arthur. *Crítica da filosofia kantiana*. Os Pensadores. São Paulo: Abril Cultural, 1985.

SARTRE, Jean Paul. *Questão de método*. Os Pensadores. São Paulo: Abril Cultural, 1984.

Consultas em jornais

CORSO, Mario. Artigo em *Zero Hora*, de 11/11/2020.

COUTINHO, João Pereira. Artigo na *Folha de São Paulo* de 11/5/2021.

SAFATLE, Vladimir. Artigo na *Folha de São Paulo* de 12/1/2018.

SERVA, Leão. Artigo na *Folha de São Paulo* de 23/12/2018.

VARELA, Drauzio. Artigo na *Folha de São Paulo* de 18/4/2011.

Fone: 51 99859.6690

Este livro foi confeccionado especialmente para a
Editora Meridional Ltda.,
em Minion Pro, 11,5/15,5 e
impresso na Gráfica Odisséia